Verantwortung unternehmen

Eberhard von Kuenheim Stiftung
ZEIT-Stiftung Ebelin und Gerd Bucerius
(Hg.)

Verantwortung unternehmen
Edition UNIVERSITAS

S. HIRZEL Verlag Stuttgart · Leipzig 2004

Die Deutsche Bibliothek – CIP-Einheitsaufnahme

Die Deutsche Bibliothek verzeichnet diese Publikation in der Deutschen
Nationalbibliografie, detaillierte bibliografische Daten sind im Internet
über http://dnb.ddb.de abrufbar.
ISBN 3-7776-1272-3

Redaktion:
Dr. Mirjam Storim, Eberhard von Kuenheim Stiftung
Prof. Dr. Helmut Zedelmaier, Ludwig-Maximilians-Universität München

Gestaltung:
Katharina Glaser-Lichtner

Fotos:
David Ausserhofer

Korrektur:
Frauke Napierala

Kontakt:
Eberhard von Kuenheim Stiftung
Stiftung der BMW AG
Amiraplatz 3, Luitpoldblock
80333 München
Tel. +49 (0)89 382-22501
Fax +49 (0)89 382-52825
kuenheim-stiftung@bmw.de
www.kuenheim-stiftung.de

© 2004 S. Hirzel Verlag, Birkenwaldstraße 44, 70191 Stuttgart
Printed in Germany
Druck: Druckerei Karl Hofmann, D-73614 Schorndorf

Zum Geleit

Unternehmerisches Handeln ist unerlässlich für die nachhaltige Entwicklung einer Gesellschaft – der deutschen ebenso wie jeder anderen. Wirtschaft, Staat, die Zivilgesellschaft und jeder einzelne Bürger müssen Wege suchen, unternehmerische Kompetenz aufzubauen, zu erhalten und sie selbstständig und verantwortungsvoll in ihren Bereichen zu verwirklichen.

„Verantwortung unternehmen" ist eine große Herausforderung. Der vorliegende Band trägt Wege für verantwortungsvolles unternehmerisches Handeln aus verschiedenen Wissenswelten zusammen. Er erscheint im Anschluss an die Tagung „Shareholder Value und Public Value. Unternehmerische Verantwortung für das Gemeinwohl", zu der die Eberhard von Kuenheim Stiftung und die ZEIT-Stiftung Ebelin und Gerd Bucerius gemeinsam mit der Evangelischen Akademie Tutzing im Februar 2003 eingeladen haben.

Eberhard v. Kuenheim   Michael Göring

Inhalt

Zur Einführung

Verantwortung unternehmen

Mirjam Storim

Wie unternimmt man Verantwortung? Verantwortung übernimmt man, etwa für einen neuen Aufgabenbereich. Verantwortung trägt man, zum Beispiel für einen anderen Menschen. Unternimmt man Verantwortung, dann wird Verantwortung selbst zur Aufgabe, zum Unternehmen. Für jedes Unternehmen gilt: Es muss sich in seinem jeweiligen Umfeld – seinem „Markt" – behaupten und verlangt nach maßgeschneiderten Strategien. Die Autoren des vorliegenden Bandes skizzieren das „Unternehmen Verantwortung" vor dem Hintergrund dreier Märkte: der Wirtschaft, des Dritten Sektors – der institutionalisierten Form der so genannten „Zivilgesellschaft" – und des Staates. Damit führen die Eberhard von Kuenheim Stiftung, Stiftung der BMW AG, und die ZEIT-Stiftung Ebelin und Gerd Bucerius ein Thema fort, zu dem sie gemeinsam mit der Evangelischen Akademie Tutzing im Februar 2003 eine Tagung veranstaltet haben: „Shareholder Value und Public Value. Unternehmerische Verantwortung für das Gemeinwohl." Jeder Markt hat seine eigenen Herausforderungen. Unternimmt die Wirtschaft Verantwortung, hat sie sich Fragen der Wirtschaftsethik, des Führungsstils oder der betrieblichen Altersvorsorge, Herausforderungen von Corporate Citizenship, Sponsoring oder Nachhaltigkeit zu stellen. Ein oft wiederholter Hinweis von Marktteilnehmern wie Marktbeobachtern lautet: Wirtschaft verfüge zweifellos über unternehmerische Kompetenz, müsse aber in Sachen Verantwortung noch einiges lernen. Unternimmt der Dritte Sektor Verantwortung, dann sieht er sich durch Management und Strategie, Produktportfolio oder Imagearbeit herausgefordert. Die einhellige Meinung: Verantwortung stehe aufgrund der Gemeinnützigkeit der Arbeit fest, bei der unternehmerischen Kompetenz seien die Defizite jedoch unübersehbar. Und der Staat? Dass er viel Verantwortung an sich zieht, steht außer Frage; dass er Verantwortung unternehmen kann, wird bezweifelt; dass er überhaupt Verantwortung unternehmen soll, stellen Politik, Bürger ebenso wie Unternehmen zunehmend in Frage. Zu viel Verantwortung bisher, zu wenig unternehmerische Kompetenz insgesamt – das Urteil vieler ist vernichtend.

So unterschiedlich die Märkte sind: Staat, Dritter Sektor und Wirtschaft sind aufeinander angewiesen, wenn sie Verantwortung unternehmen. Beim Staat mag dies unmittelbar einleuchten. Schließlich zeigt die prekäre Lage des Wohlfahrtsstaates in Deutschland, dass die Politik starke Partner braucht, um verantwortungsvoll unternehmerisch handeln zu können. Solidarität und Subsidiarität, die Fundamente des deutschen Sozialstaats, setzen Kooperationen voraus: „Verantwortung teilen" heißt deshalb der Abschnitt in diesem Band, der sich mit einem neuen Selbstverständnis des Staates beschäftigt.

Der Dritte Sektor könnte ein starker Partner für den Staat sein. Die Identität zivilgesellschaftlicher Institutionen gewinnt dann an Profil, wenn der Staat seine Aufgaben nicht mehr bewältigen kann. Zur Identität gehört jedoch auch Selbstbewusstsein – und so betrachten sich beispielsweise Stiftungen immer weniger als „Erfüllungsgehilfen" des Staates. Sie unternehmen Verantwortung

> So unterschiedlich die Märkte sind: Staat, Dritter Sektor und Wirtschaft sind aufeinander angewiesen, wenn sie Verantwortung unternehmen.

nach eigenen Vorstellungen. Dazu benötigen sie allerdings die Kompetenz des Unternehmers und sind auf Gemeinwohllücken des Staates angewiesen. Anstiftung braucht Märkte wie Management – der Abschnitt „Verantwortung stiften" macht den Dritten Sektor als einen Bereich deutlich, in dem Wirtschaft und Staat aufeinander treffen.

Mehr noch als der Dritte Sektor gilt dem Staat die Wirtschaft als verlässlicher Partner für soziale und kulturelle Aufgaben. Manchmal gewinnt man sogar den Eindruck, dass den Unternehmen und Unternehmern die entscheidende Kompetenz zugeschrieben wird, das Gemeinwesen zu sichern. Karl Polanyis berühmtes Diktum, dass mit Beginn des Kapitalismus „das ökonomische System nicht mehr in die gesellschaftlichen Verhältnisse eingebettet war, sondern diese Verhältnisse nunmehr im ökonomischen System eingebettet waren", wird häufiger denn je zitiert – mit einem Unterton der Resignation ebenso wie mit pragmatischer Nüchternheit. Aber kann Wirtschaft wirklich allein Verantwortung für alle und alles unternehmen? Die Unternehmer selbst zeigen sich, so scheint es manchmal, über diese Rollenzuschreibung fast erschrocken – denn eigentlich sehen sie ihre Aufgabe im langfristigen wirtschaftlichen Erfolg. Dafür müssen sie erst einmal selbst „Verantwortung unternehmen".

Verantwortung verdienen

Wie kann Wirtschaft Verantwortung zielorientiert unternehmen? Wie kann ein Unternehmen „Verantwortung verdienen", das heißt: Wie muss ein Unternehmen wirtschaften, damit man von verantwortungsvollem unternehmerischem Handeln sprechen kann? Jürgen Friedrich Strube zeigt, dass der Wertzuwachs von Unternehmen nicht nur den Aktionären, Kreditgebern, Mitarbeitern und Partnern der Unternehmen zugute kommt, sondern ebenso dem Gemeinwesen – durch die Entwicklung von Wohlstand, durch Arbeitsplätze und Zukunftsperspektiven für die Gesellschaft. Damit Unternehmer überhaupt nachhaltig Erfolg generieren können, brauchen sie jedoch geeignete Rahmenbedingungen. Strube dehnt den Verantwortungsbereich der Wirtschaft auf die Mitgestaltung dieser Rahmenbedingungen aus und appelliert an den Staat, dieses Kooperationsangebot anzunehmen. Ein Plädoyer für mehr Wirtschaft in der Politik? Dies sieht Karl Homann anders: Seiner Meinung nach setzen allein der Staat beziehungsweise internationale Vereinigungen die Rahmenbedingungen für den Markt. Nur auf dieser Basis klug formulierter Spielregeln, eines soliden Human- und Sozialkapitals und einer funktionierenden Infrastruktur könne das Streben der Wirtschaft nach „Mehrwert" auch so kanalisiert werden, dass „mehr Wert" für alle produziert werde. Dies schließt nicht aus, dass sich Unternehmen konkret sozial betätigen sollen – doch nicht aus einer moralisch begriffenen „sozialen Verantwortung" heraus, sondern motiviert vom Gedanken einer langfristigen Investition mit hohem Return on Investment. Mit Verantwortung lässt sich Geld verdienen, Investitionen in soziales Kapital rentieren sich, so Homanns These. Josef Wieland nimmt in der Frage nach den Aufgaben von Staat und Wirtschaft eine mittlere Position ein. Seines Erachtens führt die Globalisierung zwar dazu, dass sich der Verantwortungsbereich von Unternehmen de facto stetig vergrößert. Ob internationale Sozialstandards, Menschenrechte oder Bildungspolitik – für nahezu jede Aufgabe, die Politik und Staat zugeschrieben werde, gebe es heute die Überlegung, private Organisationen und Unternehmen zu beauftragen. Dies führe aber zu massiven demokratietheoretischen und legitimatorischen Problemen. Außerdem müssen die Konsequenzen bedacht werden, wenn ein Unternehmen Verantwortung unternimmt. Wieland zeigt in seinem Beitrag, dass sich Unternehmensethik für ein Unternehmen als Büchse der Pandora erweisen kann – denn das Spektrum der Verantwortungsbereiche ist äußerst dehnbar.

Haben die Unternehmen des Neuen Marktes das Spektrum unternehmerischer Verantwortung auf ein Minimum eingeengt? Sie haben sich in der Abwägung von Sicherheit und Risiko auf die Seite des Risikos gestellt, sagt Nikolaus Piper. Zur Chance des Erfolgs gehöre schließlich auch die Gefahr des Scheiterns, und zum Unternehmen von Verantwortung gehört der Mut, überhaupt etwas zu unternehmen. Die New Economy hat sich verdient gemacht um ein neues Unternehmertum in Deutschland – wenn auch (noch) nicht genug um die unternehmerische Verantwortung. Das komplexe ökonomische Spiel zwischen Kapitalgeber, Unternehmer, Aktionär und Analyst verlangt neue Regeln. Ein Corporate-Governance-Kodex, so Piper, ersetzt dabei jedoch nicht die Verantwortung jedes Einzelnen für sich selbst.

Verantwortung stiften

Der Dritte Sektor stiftet Verantwortung. Verantwortung anstoßen und „anstiften", das können im Dritten Sektor nicht nur Stiftungen, sondern auch andere Assoziationen. Die ersten drei Beiträge dieses zweiten Abschnitts kommen aus der Stiftungswelt, der vierte aus dem Umfeld gemeinnütziger Vereine.

12 Warum es für Unternehmer Sinn machen kann, eine Stiftung als Träger des unternehmerischen Vermögens ins Leben zu rufen, zeigt Peter Lex. Er räumt mit dem Vorurteil auf, dass Unternehmer Stiftungen nur aufgrund vermeintlicher Steuervorteile gründen, und macht insbesondere auf ein Motiv des unterneh-

merischen Stifters aufmerksam: als Mäzen die kulturellen, wissenschaftlichen oder sozialen Belange der Gesellschaft zu fördern und dafür seine unternehmerischen Fähigkeiten sinnvoll einzusetzen. Wie diese unternehmerischen Fähigkeiten in der konkreten Stiftungsarbeit weiterhelfen können, diskutiert Hans-Dieter Weger. „Gemeinwohl-Unternehmen" und „Gemeinwohl-Unternehmer" kommen seiner Meinung nach ihrem Ziel einer nachhaltigen gesellschaftlichen Wertschöpfung näher, wenn sie effizienz-, marketing- und zukunftsorientiert arbeiten.

Konkrete Beispiele dafür, wie man im Dritten Sektor „Verantwortung stiften" kann, geben Michael Göring und Matthias Schwark. Michael Göring illustriert am Beispiel der ZEIT-Stiftung Ebelin und Gerd Bucerius, wie wichtig ein klares Profil für Stiftungen ist. „If you don't know your way, everybody will take you there": Fehlt ein klares Profil, droht Stiftungen genau das, was auch für Unternehmen als Risiko einer wenig profilierten Unternehmensethik konstatiert wurde – die Ausdehnung des Verantwortungsspektrums ins Unermessliche. Auch Matthias Schwark ist davon überzeugt, dass Unternehmungen des Dritten Sektors ohne solides Management nicht erfolgreich sein können. Am Beispiel der Patriotischen Gesellschaft von 1765 und ihrem Projekt SeitenWechsel® zeigt er, wie sich das Verhältnis von Wirtschaft und Sozialem als Austausch gestalten lässt. Wenn Führungskräfte aus der Wirtschaft für einige Zeit in sozialen Einrichtungen arbeiten, dann wechseln sie nicht nur die Seite, sondern auch die Perspektive. Wer „Verantwortung verdient", kann durchaus lernen von denjenigen, die „Verantwortung stiften".

Verantwortung teilen

Der Staat unternimmt Verantwortung dann am effektivsten, wenn er sie mit anderen teilt. Handelt er verantwortungslos, wenn er Verantwortung abgibt? Nein, meinen übereinstimmend die Autoren dieses dritten Abschnitts. Hermann Otto Solms fordert eine „Re-Privatisierung der Nächstenliebe" und versteht darunter vor allem eine Neudefinition des Sozialstaats. Die „Vollkaskomentalität" der Bürger stehe der Bereitschaft im Wege, für sich selbst und andere Verantwortung zu übernehmen – die Politik, so Solms, müsse ein System entwerfen, wel-

13

ches „das Verhältnis von Subsidiarität und Solidarität wieder vom Kopf auf die Füße stellt". Kann aber ein neues System auch die Mentalität verändern? Birger P. Priddat meint, dass die viel beschworene Zivilgesellschaft, in der Verantwortung gemeinsam getragen statt auf den Staat übertragen werde, ein „eigensinniges" Projekt sei – ein Lernprozess für alle, die sich an dem Projekt beteiligen. Verantwortung wird also nicht einfach nur geteilt, sondern laufend neu definiert. Einen Ansatz für eine solche Neudefinition von Verantwortung und den tradierten Rollen von Staat, Bürgern und Unternehmen stellen Peter L. Berger und Ann Bernstein vor. Unternehmen können in hohem Maße zur Ausbildung und Entwicklung demokratischer Prozesse beitragen, wenn der Staat ihnen dazu die Chance gibt. Die Autoren nennen ihren Ansatz „Invisible Corporate Citizenship". Ihre These lautet: „Business opens up social spaces in a developing society." Das Länderbeispiel Südafrika illustriert diese These.

„Verantwortung teilen" setzt Beteiligung voraus. Unternehmer – auch außerhalb der Wirtschaft – sind gefordert, Engagement – auch ohne monetäre Gegenleistung – ist gefragt. Die Kooperationsprojekte, von denen Birger P. Priddat spricht, entstehen nicht von selbst. Dass sie eine Wirkungsstätte und die geeigneten Partner brauchen, zeigt Christoph Glaser. Geteilte Verantwortung muss gezielt gefördert werden: Ein Angebot wie das der Eberhard von Kuenheim Stiftung kann auf diesem Weg helfen, Handlungswillen zur Handlungsfähigkeit zu entwickeln, damit Verantwortung unternommen wird.

Literatur   Metzler, Gabriele: Der deutsche Sozialstaat. Vom bismarckschen Erfolgsmodell zum Pflegefall, Stuttgart/München 2003. – Strachwitz, Rupert Graf: Zivilgesellschaft – Stiftungswesen – Kultur. 4 Beiträge, Opusculum 4, Berlin 2000.

Dr. **Mirjam Storim**, Studium der Germanistik, Geschichte und Politikwissenschaft (Promotion). 1998–2000 Assistentin am Institut für Deutsche Philologie der Universität München; 2001–2002 Unternehmensberaterin bei Mercer Management Consulting; seit 2003 Projektleiterin bei der Eberhard von Kuenheim Stiftung.

I.

Verantwortung verdienen

Jürgen Friedrich Strube

Karl Homann

Josef Wieland

Nikolaus Piper

Unternehmenswert ist, was den Unternehmenswert steigert. Dass unternehmerisches Handeln dabei neben dem Shareholder Value auch den Public Value im Blick hat und haben muss, macht Jürgen Friedrich Strube deutlich. In acht Thesen zur Rolle der Unternehmer und Unternehmen in Deutschland zeigt er, dass sich Wirtschaft die Verantwortung für das Gemeinwohl nicht nur mit dem Wertzuwachs ihrer Unternehmen verdient, sondern auch mit der aktiven Mitgestaltung der politischen Rahmenbedingungen.

Shareholder Value und Public Value

Was heißt Unternehmenswert? Jürgen Friedrich Strube

1. Wirtschaft, Politik und Gesellschaft sind aufeinander angewiesen. Soziale und politische Stabilität sind die Grundlage eines auf Dauer angelegten Unternehmens.

Der Wert eines Unternehmens wird von den Finanzmärkten anhand seines nachhaltigen Erfolgs und der daraus abgeleiteten Erwartungen ermittelt. Die Rahmenbedingungen aller wichtigen Märkte, vor allem aber die im Heimatmarkt herrschenden, bestimmen den Unternehmenswert mit.

2. Rahmenbedingungen, die in einem Land Wachstum, das Schaffen von Arbeitsplätzen und die Ertragskraft fördern, ziehen Unternehmen an, lassen sie gedeihen und verbessern damit den Wohlstand und die Zukunftsperspektiven der Gesellschaft. Der Wertzuwachs der Unternehmen kommt nicht nur den Aktionären, Kreditgebern, Mitarbeitern und Partnern der Unternehmen zugute, sondern auch dem Gemeinwesen.

3. Unternehmen, die nachhaltigen Erfolg anstreben, sind deshalb daran interessiert, an der Gestaltung der Rahmenbedingungen mitzuwirken. Gegenseitiger Respekt als Grundlage des offenen und kritischen Dialogs ist dabei unverzichtbar. Unternehmen setzen grundsätzlich eher auf Kooperation als auf Konfrontation. Ihre Hinweise auf die wahrscheinlichen Folgen der Veränderung

oder Nicht-Veränderung von Rahmenbedingungen sollen dabei Einsicht vermitteln und dürfen daher nicht als Drohung interpretiert werden.

4. Subsidiarität ist Lebensquell unternehmerischen Erfolgs sowie bürgerlicher Eigenverantwortung und Lebensgestaltung. Wir haben uns zu sehr daran gewöhnt, bei allen Problemen in unserer Gesellschaft nach staatlicher Abhilfe zu rufen. Aber richtig verstandene Subsidiarität erfordert die Selbstbeschränkung des Staates. Solche Selbstbeschränkung gibt Bürgern und Unternehmen mehr Entscheidungskompetenz und Verantwortung mit Chancen und Risiken. Der damit verbundene Rückgang der Staatsquote erhöht die zur Zukunftsgestaltung verfügbaren Mittel in den Unternehmen. Es ist die vornehmste Pflicht des Unternehmers, Forschung und Entwicklung, Aus- und Weiterbildung sowie Investitionen mit angemessenen Mitteln auszustatten. Er schafft damit zugleich zusätzliches Humankapital für die Gesellschaft.

5. Solidarität und Subsidiarität entfalten Wechselwirkungen. Zwischen beiden ist eine Balance anzustreben, die die Finanzierbarkeit sozialer Sicherheit gewährleistet und Anreizwirkungen berücksichtigt. Unternehmer, die ihrer Vorbildfunktion gerecht werden wollen, müssen die Suche nach dieser Balance mit eigenen Lösungsansätzen und Beiträgen fördern.

6. Wettbewerb ist ein wirksames Instrument bei der Suche nach der besten Lösung für viele Aufgaben – in der Wirtschaft, aber auch in Staat und Gesellschaft. Wettbewerb schafft Werte und ist als Steuerungselement in der Bildungs-, Gesundheits- und Sozialpolitik verstärkt einzusetzen. Denn durch die Anreize des Wettbewerbs werden Transparenz geschaffen und Eigeninitiative geweckt. Mit dem Begriff der „Ich-AG" sind viele Assoziationen verbunden, die Unternehmertum ausmachen. In diesem Zusammenhang ist jedoch zu betonen: Sozial ist, was Arbeit schafft – sozial ist, wer Leistung belohnt. Die Unternehmen und Unternehmer in Deutschland reagieren seit über einem Jahrzehnt tatkräftig auf den Wettbewerbsdruck zur Restrukturierung. Auch in der Politik steigen Reformdruck und -bereitschaft, was zum Beispiel in der „Agenda 2010" des Bundeskanzlers zum Ausdruck kommt.

7. Unternehmern schreibt man in Deutschland keine ausgeprägte Bindung an das eigene Land zu. Dem Misstrauen, dass es ihnen bei der Reformdiskussion

17

nicht wirklich um Deutschland, sondern um in Gemeinwohlrhetorik gekleidete Partikularinteressen gehe, begegnen Wirtschaft und Politik gemeinsam am wirksamsten, indem sie öffentlich und mit Unterstützung der Medien deutlich machen: „Wir sind aufeinander angewiesen!"

8. Freies Unternehmertum bejaht gesellschaftliche Verantwortung aus „aufge-klärtem" Eigeninteresse, aus dem Ansatz der Nachhaltigkeit und aus dem Gefühl der Zugehörigkeit heraus. Trotzdem: Kein Unternehmer kann von der Aufgabe entbunden werden, alternative Optionen wie beispielsweise die Verla-gerung von Teilaktivitäten oder Investitions-Schwerpunkten bis hin zur Sitzver-legung zu prüfen. Umso wichtiger ist es, nationale Wettbewerbsvorteile zu er-arbeiten und zu bewahren. Das ist der Lösungsansatz, dem Staat, Gesellschaft und Wirtschaft Priorität geben sollten.

Weder Shareholder Value noch Public Value lassen sich per Gesetz schaffen. Das gilt auch für den Gemeinsinn. Werte brauchen beständige Anerkennung. Die aber gibt es nur in Gemeinwesen mit politischer und sozialer Stabilität. Es dient dem Interesse aller Unternehmer, diese Stabilität in Deutschland zu be-wahren.

18

Prof. Dr. **Jürgen Friedrich Strube**, Studium der Rechtswissen-schaften (Promotion, Assessor). Seit 1969 Tätigkeit in verschiede-nen Positionen der BASF AG im In- und Ausland (Brasilien, USA); 1990-2003 Vorsitzender des Vorstands; seit Mai 2003 Vorsitzender des Aufsichtsrates. Seit 1999 Honorarprofessor an der Deutschen Hochschule für Verwaltungswissenschaften Speyer; seit Juli 2003 Präsident des Europäischen Dachverbands der Arbeitgeber- und Industrieverbände, UNICE, Brüssel.

Wer als Unternehmer mit der Wertschöpfung seines Unternehmens einen Beitrag zur gesellschaftlichen Entwicklung leisten will, verliert nicht seine Wettbewerbsfähigkeit. Im Gegenteil, sagt Karl Homann: der „Mehrwert" – die Gewinnmarge auf ein Produkt im engeren Sinn – und die Schöpfung von „mehr Wert" über die Gewinnmarge des Produkts hinaus stehen in einem produktiven Verhältnis. Der folgende Beitrag entwickelt ein Modell für dieses Verhältnis.

Wirtschaftsethik

Arbeitet die Wirtschaft für Mehrwert oder für mehr Wert?

Karl Homann

Arbeitet die Wirtschaft für „Mehrwert" oder für „mehr Wert"? Fragt man in dieser Weise, hat man einen Gegensatz zwischen „Mehrwert" und „mehr Wert" unterstellt und suggeriert, dass man sich zwischen „Mehrwert" und „mehr Wert" entscheiden muss. Damit hat man nur schlechte Optionen: Wer sich für „mehr Wert" entscheidet, gerät unter Bedingungen globaler Konkurrenz in Wettbewerbsnachteil und muss, wenn er diese Entscheidung durchhält, schließlich aus dem Markt ausscheiden – zu seinem eigenen Nachteil und zum Nachteil derer, die er mit „mehr Wert" beglücken wollte. Wer sich aber für den „Mehrwert" entscheidet, wird moralisch an den Pranger gestellt, weil sein Handeln vom Gewinninteresse bestimmt wird, und wird wegen des feindlichen Klimas nicht selten außer Landes getrieben – wiederum zu seinem eigenen Nachteil und zum Nachteil derer, die sich von der moralischen Kritik „mehr Wert", mehr Solidarität, versprochen hatten.

Ist diese Alternative von „Mehrwert" und „mehr Wert" unser unabänderliches Geschick? Kein Geringerer als Karl Marx war genau dieser Meinung. Er hat den Wettbewerb um „Mehrwert", der ein Streben nach „mehr Wert" in der Marktwirtschaft offenbar nicht zulässt, abgeschafft sehen wollen. Dieses welthistorische Experiment ist 1989 endgültig gescheitert, auch wenn manche Träumer sich weigern, die Augen zu öffnen.

Arbeitet die Marktwirtschaft für „Mehrwert" oder „mehr Wert"?

Die Marktwirtschaft lebt von der Intuition, dass „Mehrwert" und „mehr Wert" sich nicht ausschließen müssen. Diese Intuition geht in die richtige Richtung, aber sie bleibt unverstanden beziehungsweise falsch verstanden, wenn unterstellt wird, die Wirtschaft strebe nicht nur nach „Mehrwert", sondern zusätzlich auch nach „mehr Wert", oder sie solle doch danach streben. Vorstellungen von der „Verantwortung" der Unternehmen für das „Gemeinwohl", der Sozialpflichtigkeit des Eigentums und einer Gewinnverwendung für öffentliche Aufgaben und Stiftungen gehören in diesen Kontext. Doch schlägt der Wettbewerb unerbittlich zu: Ein Unternehmen, das nennenswerte Teile des Ertrags für das Gemeinwohl aufwendet, wirft nicht nur das Geld seiner Shareholder zum Fenster hinaus, was moralisch problematisch genug ist, sondern gerät in Wettbewerbsnachteil gegenüber der weniger moralischen, der weniger verantwortungsvollen Konkurrenz. Ich schlage daher vor, statt des „Oder" zwischen „Mehrwert" und „mehr Wert" kein „Und" zu setzen, sondern ein „Durch", und zwar in zwei Varianten:

(1) Die Wirtschaft arbeitet für „mehr Wert" durch Streben nach „Mehrwert".
(2) Die Wirtschaft arbeitet für „Mehrwert" durch Schaffung von „mehr Wert".
Hinter der ersten Variante steht der Grundgedanke der Marktwirtschaft: Am Markt kann unter Bedingungen des Wettbewerbs nur derjenige „Mehrwert" erzielen, der seinen Mitmenschen „mehr Wert" zu bieten hat – in Form von guten, preiswerten, innovativen Gütern und Dienstleistungen, die nicht durch Mildtätigkeit, sondern eben über den Markt vermittelt werden. Hinter der zweiten Variante steht der Gedanke, dass am Markt unter Bedingungen des Wettbewerbs nur derjenige seinen Mitbürgern „mehr Wert" bringen kann, der sich von seinem Interesse am „Mehrwert" leiten lässt und auf die von den Kaufentscheidungen seiner Mitmenschen ausgehenden Signale sensibel reagiert. Der Markt ist ein System der Informationsvermittlung über „mehr Wert". Umgesetzt werden diese Informationen durch das Streben aller nach „Mehrwert".

„Mehr Wert" durch Streben nach „Mehrwert"

Diskutieren wir zunächst die erste Variante etwas genauer. Man kann von Unternehmen keine „Opfer" für das Gemeinwohl verlangen, wenn man unter

„Opfern" Leistungen ohne Gegenleistungen versteht. Das hat im Wettbewerb fatale Folgen, weil ein solches Verhalten zu Nachteilen gegenüber der weniger moralischen Konkurrenz, das heißt zur Ausbeutung von Moral führt. So weit hatte Karl Marx Recht. Das heißt aber noch nicht, dass in der Marktwirtschaft Solidarität unter den Menschen unmöglich ist. Solidarität heißt in diesem Zusammenhang, das Wohl der anderen zu bedienen, also „mehr Wert" für andere zu schaffen. Dies ist der Sinn des berühmten, in der ökonomischen Literatur wohl am meisten zitierten Satzes von Adam Smith: „Nicht vom Wohlwollen des Metzgers, Brauers und Bäckers erwarten wir das, was wir zum Essen brauchen, sondern davon, dass sie ihre eigenen Interessen wahrnehmen. Wir wenden uns nicht

Erst wenn solche Regeln durch Recht gesetzt sind und durchgesetzt werden können, kann der vielfach zitierte Automatismus des Marktes, die „unsichtbare Hand" also, Platz greifen.

an ihre Menschen-, sondern an ihre Eigenliebe, und wir erwähnen nicht die eigenen Bedürfnisse, sondern sprechen von ihrem Vorteil." Anders formuliert: Der Wohlstand aller hängt in der Marktwirtschaft nicht vom Wohlwollen der Akteure ab. Die Realisierung von „mehr Wert" für alle wird vom Motiv des Altruismus abgekoppelt und erfolgt im Windschatten der Verfolgung des Eigeninteresses. Der „Mehrwert" wird zur Triebfeder von „mehr Wert".

Viele Leute, auch Wissenschaftler, vor allem aber Kritiker der Marktwirtschaft, behaupten, die Verfechter der Marktwirtschaft seien der Meinung, das Streben nach „Mehrwert" schaffe „mehr Wert" für alle quasi automatisch, und sie glauben, dafür eine Bestätigung in Adam Smith' Metapher von der „unsichtbaren Hand" des Marktes zu finden. Doch dies ist falsch: Smith sagt zwar, dass der Prozess am Markt quasi automatisch zu guten Ergebnissen führe. Aber ein solcher Markt entsteht und besteht für ihn nicht automatisch, sondern er bedarf geeigneter Regeln – genau wie der Wettbewerb im Fußballspiel kein Catch-as-catch-can ist, sondern unter Regeln stattfindet, über deren Einhaltung der Schiedsrichter wacht. Nur unter klug geschnittenen Regeln bringen Markt und Wettbewerb für Smith und seine Nachfolger „mehr Wert" für alle hervor. Erst wenn solche Regeln durch Recht gesetzt sind und durchgesetzt werden können,

21

kann der vielfach zitierte Automatismus des Marktes, die „unsichtbare Hand"
also, Platz greifen.

Wer reguliert den Markt in der globalen Welt?

Wer aber erstellt diese Regeln? Allgemeiner: Wer schafft die Bedingungen – Regeln, Human- und Sozialkapital, Infrastruktur –, die Markt und Wettbewerb erst in die Lage setzen, „mehr Wert" für alle zu produzieren?

Die klassische Antwort auf diese Frage lautet: Dafür ist „der Staat" zuständig. Damit ist das Modell komplett. Der Staat setzt die Regeln, die Handlungsbedingungen, die Rahmenordnung; diese Rahmenordnung sorgt dafür, dass das Streben der Einzelnen nach „Mehrwert" in der Weise umgesetzt wird, dass „mehr Wert" für alle produziert wird. Obwohl immer wieder in Frage gestellt wurde, ob der Staat zu einer solchen unparteiischen, auf das Wohl aller zielenden Regelsetzung und Regeldurchsetzung überhaupt bereit und in der Lage ist, hat das System doch relativ gut funktioniert. Man beklagte zwar „Staatsversagen", aber diese Mängel ließen sich, grundsätzlich wenigstens, nach Meinung der Theoretiker abstellen.

In diesem Punkt jedoch ist mit der Globalisierung eine fundamentale Veränderung der Lage eingetreten. Weltumspannende, globale Interaktionen haben keine Rahmenordnung auf dem Niveau westlicher Industrienationen. Wir haben mit UN-Charta, World Trade Organization (WTO), International Labour Organization (ILO), Kyoto-Protokoll und vielem mehr bestenfalls Bruchstücke dazu. Außerdem – und dieses Argument ist systematisch wichtiger – hat die schiere Zahl der Interaktionen im Weltmaßstab so dramatisch zugenommen, dass „die Staaten", die Regierungen, mit der – internationalen – Regelsetzung einfach nicht mehr nachkommen. Wer setzt jetzt die Regeln? Wodurch wird jetzt, wo es solche Regeln nicht oder noch nicht gibt, dafür gesorgt, dass die legitimen Interessen der anderen beim Streben nach „Mehrwert" nicht unter die Räder geraten? Wie wird erreicht, dass das Streben nach „Mehrwert" weiterhin „mehr Wert" produziert?

An dieser Stelle greifen viele zu einer vermeintlich so nahe liegenden Antwort: Dies sei die Aufgabe der Moral, der „sozialen Verantwortung" der Unternehmen.

Es ist alles andere als ein Zufall, dass genau in der Situation einer unvollkommenen oder fehlenden Welt-Rahmenordnung der Ruf nach „sozialer Verantwortung der Unternehmen" wieder laut wird. Begonnen hat die Diskussion bei der Umweltproblematik. Inzwischen geht sie weit darüber hinaus und betrifft – besonders in Bezug auf die Tätigkeit der internationalen Unternehmen in der Dritten Welt – auch Themen wie Armutsbekämpfung, Korruptionsbekämpfung, Gesundheitsversorgung, Einhaltung der Menschenrechte, Aufbau beziehungsweise Verbesserung von Bildungssystemen. Den Unternehmen wird hier eine neue Verantwortung zugewiesen, und es ist die Frage, wie sie damit umgehen. So plausibel auf den ersten Blick der Hinweis auf die Moral beziehungsweise die „Verantwortung" der Unternehmen auch erscheint, so einfach ist die Sache nicht. Denn als Eckpfeiler bleibt bestehen: Wegen des Wettbewerbs können Unternehmen keine „Opfer" bringen – auch wenn Manager dieses Wort zu lieben scheinen, weil sie sich damit gegen den Vorwurf verteidigen zu können meinen, sie praktizierten Moral ja letztlich doch nur „aus Gewinninteresse".

„Mehrwert" durch Schaffung von „mehr Wert"

Damit sind wir bei der zweiten Variante unserer Bestimmung des Verhältnisses „Mehrwert" und „mehr Wert". Wenn schon von Unternehmen keine „Opfer" verlangt werden können, so kann man von ihnen doch verlangen, dass sie investieren. Investieren heißt, heute Konsumverzicht zu üben, um später größere Erträge realisieren zu können. Investitionen werden vom Streben nach „Mehrwert" angetrieben. Sie sind nun aber keineswegs auf Sach- und Humankapital beschränkt. Unternehmen können ebenso auch in Sozialkapital, in ein gutes Betriebsklima und in Reputation investieren, und schließlich können sie auch in die gesellschaftliche Entwicklung allgemein investieren, die eine erhöhte Nachfrage für ihre Produkte hervorbringt.

Vieles, was Unternehmen der üblichen Redeweise nach aus „Verantwortung für das Gemeinwohl", für „mehr Wert" tun, lässt sich als eine solche Investition interpretieren. Das macht einen bedeutenden Unterschied: Investitionen in „mehr Wert", in Moral im weitesten Sinne, erfolgen um späteren „Mehrwerts" willen. Und Investitionen besonders in Betriebsklima, Reputation und in die rechtlichen, bildungsmäßigen, gesundheitlichen und sozialen Bedingungen ertragreicher Interaktionen geschehen um der Nachhaltigkeit der Gewinnerzielung willen. „Mehrwert" durch „mehr Wert", durch Investitionen in gute gesellschaftliche Rahmenbedingungen, ist die Losung. Was wir umgangssprachlich gern der so-

> Was wir umgangssprachlich gern der sozialen, der moralischen „Verantwortung" der Unternehmen zurechnen, lässt sich als Investition in die Nachhaltigkeit der Gewinnerzielung verstehen.

zialen, der moralischen „Verantwortung" der Unternehmen zurechnen, lässt sich als Investition in die Nachhaltigkeit der Gewinnerzielung verstehen – und dann auch ökonomisch rechtfertigen. Unternehmen handeln dann „moralisch" letztlich „aus Gewinninteressen". Das wird offen eingestanden.

Was ist daran „moralisch", wenn Unternehmen „aus Gewinninteressen" handeln?

Es ist Aufgabe der wissenschaftlichen Theorie, das Verhältnis von „Gemeinwohl und Eigennutz", um die Denkschrift der EKD von 1991 zu zitieren, so zu bestimmen, dass nicht von vornherein ein Gegensatz zwischen beiden unterstellt wird. Das Resultat meiner langjährigen Forschungen lässt sich wie folgt zusammenfassen: Keines der großen Prinzipien der abendländischen Ethik, die im Kern eine Ethik der Solidarität ist, verbietet das individuelle Vorteilsstreben, das Streben nach „Mehrwert", als solches. Die Demarkationslinie zwischen unsittlichem und sittlichem Handeln verläuft nicht entlang der Unterscheidung zwischen Egoismus und Altruismus, so als ob egoistische Handlungen unsittlich und allein altruistische Handlungen moralisch seien; die Linie verläuft vielmehr zwischen einer Verfolgung der eigenen Gewinninteressen auf Kosten anderer und einem Streben nach „Mehrwert", bei dem auch die anderen „mehr Wert" erzielen – wobei die Vorteile für die anderen im Kapitalismus nicht als „milde Gaben" oder „Opfer" anfallen, sondern über den ganz normalen Austauschprozess auf Märkten. Das christliche

Liebesgebot, um beim bekanntesten Beispiel zu bleiben, heißt aus guten Gründen nicht: Du sollst deinen Nächsten mehr lieben als dich selbst, sondern: Du sollst deinen Nächsten lieben wie dich selbst. Oder mit dem bekennenden Protestanten Georg Wilhelm Friedrich Hegel gesagt: „Das Individuum muss in seiner Pflichterfüllung auf irgendeine Weise zugleich sein eigenes Interesse, seine Befriedigung oder Rechnung finden."

Investitionen in Gemeinwohl bringen Rendite

Wenn man von Unternehmen verlangen will, dass sie eine Verantwortung für das Gemeinwohl, für „mehr Wert" übernehmen, die über gute Produkte hinausgeht, dann muss man sie auf die Renditechancen solcher Investitionen hinweisen beziehungsweise ihnen solche Renditechancen eröffnen. Aufgabe des Managements ist es dann, systematisch nach Renditechancen von Investitionen in „mehr Wert" zu suchen.

Die Schwierigkeit besteht darin, dass die Rendite solcher Investitionen nicht leicht und eindeutig auf ganz bestimmte Handlungen zurechenbar ist. Dennoch kann nicht bestritten werden, dass eine solche Rendite für Investitionen in „mehr Wert" grundsätzlich vorhanden ist. Dieses Argument kann nicht gekontert werden mit dem Hinweis darauf, dass solche Investitionen scheitern können. Das ist bei Sachkapitalinvestitionen nicht anders.

Damit ist die Tür aufgestoßen zur Betätigung der Unternehmen in den verschiedensten Feldern, soweit diese in einen sinnvollen Zusammenhang mit der nachhaltigen Gewinnerzielung, mit dem nachhaltigen Streben nach „Mehrwert", gebracht werden können. Die Förderung regionaler Arbeitsmarktinitiativen gehört ebenso dazu wie das Engagement für die Erhaltung beziehungsweise Verbesserung der Bedingungen für ertragreiche Unternehmenspolitik – angefangen von sozialer Infrastruktur über Bildung, Wissenschaft und Kultur, über Gesundheitsvorsorge und Suchtbekämpfung bis hin zur politischen Mitarbeit bei der Etablierung einer verlässlichen sozialen Ordnung für die Weltgesellschaft. Solche Investitionen in „mehr Wert" wirken sich auf die Erzielung von „Mehrwert" nur sehr vermittelt und indirekt aus. Sie stellen daher erhöhte Anforderungen an das Management. Das ist ein Grund, warum das Management vor sol-

25

chen Aufgaben zurückschreckt. In Deutschland insbesondere kommt ein zweiter Grund hinzu: Deutsche Unternehmen sind insofern verwöhnt, als ihnen die Bedingungen der Gewinnzielung – insbesondere Rechtsstaat, hohes Bildungsniveau, sozialer Friede, leistungsfähige Wissenschaft – vom „Staat" gewissermaßen frei Haus geliefert wurden. Doch diese Zeiten sind auch in Deutschland vorbei. Unternehmen müssen zusammen mit anderen Akteuren per Selbstorganisation für diese Bedingungen selbst sorgen – aus Eigeninteresse natürlich, auch wenn wir in der öffentlichen Diskussion üblicherweise von der Wahrnehmung einer „Verantwortung" für das Gemeinwohl sprechen. Nun möchte ich nicht in Abrede stellen, dass gut geführte Unternehmen auf diesem Sektor heute bereits sehr viel tun. Das tun sie durchaus. Sie treten hier in die Fußstapfen großer Unternehmer wie Alfried Krupp und Werner von Siemens, die in ihrer Zeit ebenfalls soziale Aufgaben übernommen haben. Aber die Unternehmen tun heute noch nicht genug, und dies will ich verdeutlichen an dem Grundproblem, von dem die moderne Weltgesellschaft gekennzeichnet ist.

Ein großer Teil der Weltgesellschaft bleibt als Potenzial ungenutzt

Die zahllosen Konflikte in unserer Welt sind zumindest mitverursacht durch die Tatsache, dass zwei Drittel der Menschheit, also vier Milliarden Menschen, aus den produktiven Interaktionen der entstehenden Weltgesellschaft ausgeschlossen sind. Ökonomisch bedeutet das, dass vier Milliarden potenzieller „Assets" nicht aktiviert sind. Viele denkende Zeitgenossen halten es für die „Pflicht" des restlichen Drittels, diese Menschen in die produktiven Interaktionen einzubeziehen und sie an den Erträgen der weltgesellschaftlichen Zusammenarbeit teilhaben zu lassen. Bevorzugte Adressaten dieser „Pflicht" sind die „Staaten" und die Unternehmen der reichen Industrienationen. Doch es ist nüchtern festzustellen, dass die staatliche Entwicklungshilfe weit hinter den selbst gesteckten Zielen zurückbleibt und im Grunde gescheitert ist. Es ist überhaupt nicht zu sehen, wie diese vier Milliarden Menschen ohne das Know-how der Unternehmen und ohne das Kapital, das in den Unternehmen gebündelt ist, in die Interaktionen einbezogen werden können. Die Staatengemeinschaft ist damit hoffnungslos überfordert. Niemand anders als Kofi Annan, der Generalsekretär der

Staatengemeinschaft, hat dies klar erkannt und die Unternehmen in seiner Initiative „Global Compact" zur Mitwirkung bei der Entwicklung aufgerufen. Da die Unternehmen nun aber unter Bedingungen des globalen Wettbewerbs keine „Opfer" bringen können, müssen wir diese „Pflicht" als Investition in „mehr Wert" zwecks Erzielung von „Mehrwert" deutlich machen. Die Entwicklung der vier Milliarden „Assets" zu leistungsfähigen, produktiven Interaktionspartnern kann nur im Windschatten eines nachhaltigen Gewinnstrebens der Unternehmen realisiert werden. Hier liegen gewaltige Gewinnchancen für die Unternehmen. Vier Milliarden Konsumenten warten darauf, zu potenten Marktteilnehmern heranzuwachsen. Vier Milliarden potenzielle Kooperationspartner

Vier Milliarden Menschen sind aus den produktiven Interaktionen der entstehenden Weltgesellschaft ausgeschlossen. Ökonomisch bedeutet das, dass vier Milliarden potenzieller „Assets" nicht aktiviert sind.

warten darauf, ihren produktiven Beitrag zur Steigerung des Wohlstandes der Welt zu leisten. Welch ein „Reichtum der Nationen" liegt unerschlossen brach! Die grundlegende Bedingung für die Entwicklung der vier Milliarden „Assets" zu potenten Interaktionspartnern ist die Erstellung einer sozialen Ordnung, die Frieden und damit Entwicklung der Fähigkeiten ermöglicht. Dies ist eine ausgesprochen politische Aufgabe. Es geht darum, Verfassungen und Rechtsstaaten mit Menschenrechten und leistungsfähigen Verwaltungen aufzubauen, den Menschen eine gute Ausbildung zu vermitteln, sachliche und soziale Infrastruktur zu schaffen. Es geht um Investitionen in die Herstellung einer sozialen Ordnung, innerhalb derer dann im zweiten Schritt nachhaltige Gewinnchancen realisiert werden können. Was tun Unternehmen heute in diesem Bereich?

Unternehmen müssen über den Tellerrand blicken

Unternehmen tun bereits sehr viel für das Gemeinwohl, für die Herstellung besserer Bedingungen für produktive Interaktionen. Aber diese Initiativen, so vielfältig sie auch sind, sind überwiegend lokal, und sie erfolgen weitgehend unkoordiniert.

Unternehmen vertreten nicht selten bei solchen Initiativen die Auffassung, dass jeder vor seiner eigenen Haustür den eigenen Bürgersteig kehren solle. Das ist nahe liegend, plausibel und unverzichtbar. Unternehmen haben Vorteile davon, wenn sie in ihrer Umwelt fest verankert und als „Good Corporate Citizens" geachtet sind. Aber auf diese Weise entwickelt man nicht die Weltgesellschaft. Hier haben wir es mit ganz anderen Dimensionen zu tun, und es ist selbstverständlich, dass kein einzelnes Unternehmen sich dieser Aufgabe erfolgreich annehmen kann. Lokale Initiativen sind nichts anderes als der buchstäbliche Tropfen auf den heißen Stein.

Dies sollte nicht als Kritik an der Tätigkeit der Unternehmen missverstanden werden. Es handelt sich vielmehr um Hinweise auf Operationsmöglichkeiten, die bisher übersehen wurden oder zu kurz gekommen sind. Das liegt nicht zuletzt daran, dass Manager in den Ausbildungsgängen an den Universitäten für diese ausgesprochen politischen Aufgaben nicht ausgebildet werden. Wie man einen Rechtsstaat erstellt oder funktionierende Verwaltungen in den Kommunen aufbaut, wird in der traditionellen Betriebs- und Volkswirtschaftslehre nicht gelehrt. Hier besteht ein erhebliches Defizit, das abzubauen großer Anstrengungen bedarf. Unternehmen wird hier nicht eine neue „Verpflichtung" auferlegt, sie werden vielmehr auf Chancen hingewiesen, die bislang nicht genügend genutzt worden sind.

Unkoordiniert sind die Anstrengungen der Unternehmen insofern, als die einzelnen Unternehmen eben nur ihren eigenen Bürgersteig kehren und sich bei der Entwicklung einer sozialen Ordnung für die Weltgesellschaft, an der alle ein gemeinsames Interesse haben könnten, sich nicht zusammentun, nicht kooperieren. Sie sehen nicht, dass die Schaffung von „mehr Wert" im Interesse ihres Strebens nach „Mehrwert" liegt. Natürlich ist eine solche Koordination mit außerordentlichen Schwierigkeiten verbunden, insbesondere deswegen, weil die Unternehmen, von denen hier eine Zusammenarbeit in einem bestimmten Feld verlangt wird, in anderen Feldern Konkurrenten sind und bleiben. Eine solche Zusammenarbeit unter Konkurrenten in Teilbereichen scheint offensichtlich ungewöhnlich zu sein. Der Preis aber ist hoch: Es werden gewaltige Gewinn-chancen ausgelassen – zum Nachteil der Unternehmen und zum Nachteil ihrer Shareholder, von denen die Manager angestellt werden. Trotz ihrer fortbeste-henden Konkurrenz auf den Märkten sollten sie bei der Aufgabe, die Voraus-setzungen funktionierender Märkte zu erstellen, eng zusammenarbeiten, damit wir zu einer planmäßigen, koordinierten Offensive für die Entwicklung der Weltgesellschaft kommen. Wie die Folgen des 11. September 2001 gezeigt haben, hängen die Chancen, „Mehrwert" zu realisieren, an der Voraussetzung, „mehr Wert" für alle in Form einer stabilen, verlässlichen sozialen Ordnung zu schaffen.

Das Streben der Wirtschaft nach „Mehrwert" und die Schaffung von „mehr Wert" durch die Unternehmen stehen in einem wechselseitigen Bedingungsverhält-nis, und wir sollten uns durch den Vorwurf, Unternehmen würden „mehr Wert" ja nur „aus Gewinninteresse" schaffen, nicht ins Bockshorn jagen lassen. Eine tragfähige Wirtschaftsethik kann sich für die Überwindung des nur vermeintli-chen Gegensatzes von Gemeinwohl und Eigennutz auf die große abendländi-sche Ethiktradition berufen; wer hier einen Gegensatz ansetzt, ist ein schlech-ter Ethiker.

Prof. Dr. Dr. **Karl Homann**, Studium der Philosophie, Germanistik, katholischen Theologie und anschließend Volkswirtschaftslehre (Promotion in Philosophie und VWL), Habilitation in Philosophie. Nach Professuren in Witten/Herdecke und Ingolstadt Lehrstuhl-inhaber für Philosophie an der LMU München unter besonderer Berücksichtigung der philosophischen und ethischen Grundlagen der Ökonomie (Wirtschaftsethik). Zahlreiche Veröffentlichungen zur Ethik und Wirtschaftsethik; zuletzt veröffentlicht „Vorteile und Anreize. Zur Grundlegung einer Ethik der Vernunft" (herausgege-ben von Christoph Lütge, 2002).

Die Globalisierung hat nicht nur Absatzmärkte, sondern auch den Verantwortungsbereich von Unternehmen vergrößert. Ob in Menschenrechtsfragen, in der Sozialpolitik oder der Bildungspolitik – Unternehmen werden Steuerungs- und Lösungskompetenzen in dem Maße zugemutet, wie sie den Staaten weltweit abgesprochen werden. Josef Wieland untersucht im folgenden Beitrag die Beziehung von Globalisierung und Verantwortung und behauptet, dass ein Unternehmen mit der Übernahme von Verantwortung die „Büchse der Pandora" öffnet. Doch: Ordnung im Chaos ist möglich, wenn Unternehmensethik zur Managementaufgabe wird.

Die Büchse der Pandora
Unternehmensverantwortung in einer globalen Welt
Josef Wieland

Sowohl „Globalisierung" als auch „Verantwortung" sind schillernde Begriffe. In der öffentlichen Diskussion muss dies kein Nachteil sein. Sie eignen sich so zur Kommunikation von Umverteilungsansprüchen mittels apokalyptischer Szenarien. Weite Strecken der gegenwärtigen Diskussion über die ökonomischen und gesellschaftlichen Konsequenzen der Globalisierung, die in Deutschland unter dem Leitbegriff „Standortproblem" geführt wird, folgen dieser Logik. Ich möchte hingegen die Aufmerksamkeit auf einige strukturelle Aspekte der Globalisierung lenken, von denen ich annehme, dass sie die Diskussion über das Verhältnis Gesellschaft – Politik – Ökonomie weit nachhaltiger beeinflussen werden als die gegenwärtige Diskussion über Teilen und Sparen.

Denn Verantwortung in der Globalisierung existiert ja für Unternehmen per definitionem auch jenseits des Bereiches nationalstaatlich oder sozialpartnerschaftlich organisierter sozialer Verantwortung. Um welche Entwicklungen handelt es sich dabei? Auf brauchbare Antworten zu dieser Frage kann nur hoffen, wer sich um begriffliche Präzisierung bemüht.

Aus ökonomischer Sicht bedeutet Globalisierung einerseits die Fähigkeit zur Standardisierung von Konsumentenpräferenzen, die die Schaffung einheitlicher

weltweiter Märkte auf einem bestimmten Mengenniveau ermöglicht. Andererseits wird damit die Organisierung von Wertschöpfungsketten und Arbeitspro-
zessen durch strategische Allianzen, Joint Ventures und Netzwerke aller Art
rund um den Globus bezeichnet, auch und gerade mit Konkurrenten. Dahinter
steht das Erfordernis für die Unternehmen, Systemleistungen (Produkte plus
dazugehörige Dienstleistungen) anzubieten und den schnellen Zugriff auf das

Globalisierung bezeichnet die rekursive Verschränkung von Ko-operations- und Konkurrenzfähigkeit als Erfolgsvoraussetzung ökonomischen Handelns.

jeweils fortschrittlichste „Know-how" zu sichern. Technischer Fortschritt ist
damit zugleich endogene Voraussetzung und Konsequenz der Globalisierung.
Die rasche technologische und ökonomische Entwertung von Wissen, steigende Kosten von Forschungs- und Entwicklungsprozessen und der Zwang zur
Integration verschiedener wirtschaftlicher Sektoren (Systemleistungen) im
globalen Wettbewerb erzwingen weltweite Kooperation. Diese aber erfordert
wiederum die neuen Informations- und Kommunikationsmedien.

Beide Prozesse, die Erschließung weltweiter Märkte und die Zunahme von
Kooperationen, gehören sachlich zusammen, und gerade dies macht die neue
Qualität der globalen Ökonomie gegenüber dem herkömmlichen „International Trade" aus. Folgendes wird in der politischen und ökonomischen
Diskussion nicht immer gesehen: Die Arrondierung strategischer Kapazitäten
durch die Unternehmen zielt auf weltweite Konkurrenzfähigkeit. Das aber
bedingt einerseits große und vor allem offene Märkte, ohne die die massiven
Investitionen kaum die erhoffte Profitabilität erreichen können. Dem entspricht
in der öffentlichen Diskussion die Betonung von globaler Wettbewerbsfähigkeit. Gleichzeitig aber gilt, dass diese Fähigkeit nur für den zu haben ist, der
weltweit kooperationsfähig ist. Globalisierung bezeichnet die rekursive Ver-
schränkung von Kooperations- und Konkurrenzfähigkeit als Erfolgsvoraussetzung ökonomischen Handelns. Nur wer kooperationsfähig ist, ist auch
konkurrenzfähig – und umgekehrt. Strategische Kooperationsabkommen

31

zwischen Firmen sind heute weit verbreitet, und mehr als ein Drittel des Welthandels wird nicht über den Markt abgewickelt, sondern durch Transaktionen innerhalb von transnationalen Firmen generiert. Für beide Entwicklungen gilt: Tendenz zunehmend.

Ob wir uns auf dem Weg zu einer weltweiten Markt- und Wettbewerbswirtschaft befinden, ist durchaus fraglich. Viel eher scheint die sich gegenwärtig umstrukturierende Ökonomie eine „Kooperationsökonomie" zu sein. In ihr sind die Unternehmen zuallererst verantwortlich für „coopetition". Damit ist die Fähigkeit gemeint, mit einem Wirtschaftspartner simultan kooperative und kompetitive Beziehungen zu unterhalten. Nur so lassen sich globale Märkte schaffen und auch bedienen.

Transfer der Verantwortung vom Staat auf Unternehmen

Politisch markiert der Begriff Globalisierung eine Verschiebung in der Steuerungstektonik moderner Gesellschaften. Auf der Ebene der Phänomene spiegelt sich dies in den allseits bekannten und unbestrittenen Gestaltungsgrenzen von Staat und Recht in der Weltökonomie. Weniger beachtet, aber gleichwohl bedeutend, entspricht dem ein Zuwachs an öffentlich vermutetem Steuerungspotenzial auf Seiten von Unternehmen. Ob es sich um internationale Sozialstandards, Menschenrechte, globale Nachhaltigkeit, Bildungspolitik, Sozialpolitik, Entwicklungspolitik, Geldpolitik oder peace keeping missions handelt – es existiert heute kaum noch eine tradierte Aufgabe von Politik und Staat, für die keine Überlegung existiert, sie privaten Organisationen und Unternehmen zu übertragen. Auch hier vollzieht sich also mehr, als die übliche Deregulierungsrhetorik vermuten lässt.

Globalisierung ist ein totalisierter Raumbegriff, der Zeit meint und zu einer Entkopplung der Raum-Zeit-Dimension sozialen Handelns führt. Die globale Welt ist eine temporalisierte Welt. Institutionen und Organisationen, die an die Raumstruktur gebunden sind – exemplarisch der Nationalstaat –, verlieren daher tendenziell an Steuerungspotenzial. Die Überwindung des Raumes via staatlichem Handeln benötigt Zeit und generiert Transaktionskosten; beides Ressourcen, die knapp sind. Institutionen und Organisationen, die sich auf die Ökonomisierung

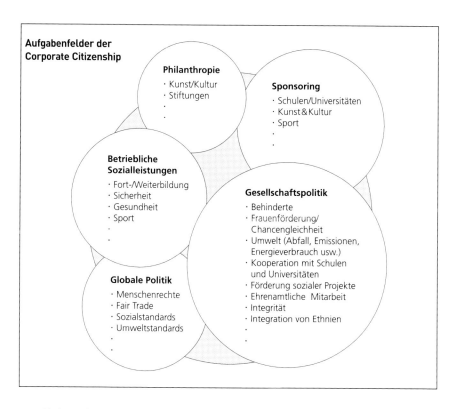

von Zeitstrukturen verstehen, gewinnen an Steuerungspotenzial. Nicht nur Unternehmen haben daher heute eine Reputation für rasche weltweite Handlungsfähigkeit, sondern im Bereich der Politik etwa auch die NGOs. Dies ist das Effizienzargument, das die zunehmende Bedeutung von Unternehmen für die Gesellschaft erklärt.

Ein weiterer Aspekt ist eher gesellschaftspolitischer Natur. Unternehmen sind im Wesentlichen eine Innovation des ausgehenden 19. und des beginnenden 20. Jahrhunderts. Waren die Menschen des alten Europas mit Blick auf die Gestaltung ihres Lebensalltags abhängig vom Ertrag der Landwirtschaft, also von der Natur, und von der Güte ihrer Feudalherren, so sind die Menschen des 20. und 21. Jahrhunderts in dieser Hinsicht in einem nie gekannten Umfang von der Leistung (Produkte und Dienste) von Unternehmen abhängig. Vom morgendlichen Wecker bis hin zur wegbeamenden Schlaftablette findet sich ein dichtes Gewebe von Unternehmensleistungen, von denen das Gelingen menschlichen Lebens direkt abhängig ist.

33

Aus der Sicht der Konsumenten entsteht ein Zuverlässigkeits- und Kontrollproblem auf Seiten der Unternehmen, das sich auch in der vermehrten Zuweisung moralischer Verantwortung kristallisiert. Bewegungen wie Corporate Social Responsibility, Corporate Citizenship und Global Compact wären ohne diese theoretische Folie nur schwer zu verstehen und richtig einzuordnen.

Diese Überlegungen sollten weder als anarchistische Vision vom absterbenden Staat noch als naives Plädoyer für die Übernahme politischer Aufgaben durch Unternehmen missverstanden werden. Weder ist klar, ob Unternehmen die in sie gesetzten Erwartungen erfüllen können, noch, ob dies in ihrem Interesse und dem der Gesellschaft ist. Massiv sind auch die sich ergebenden demokratietheoretischen und legitimatorischen Probleme. Für normative Aussagen ist es daher viel zu früh. Nicht aber für die deskriptive und positive Wahrnehmung der faktischen Verschiebungen und der daraus resultierenden neuen gesellschaftlichen Phänomene. Da mein Thema die Verantwortung von Unternehmen in der globalisierten Welt ist, werde ich mich auch auf diesen Problemzuschnitt konzentrieren.

Unternehmensethik unternehmen: die Büchse der Pandora

In der ethischen Tradition hat man Verantwortung für die Folgen des eigenen Handelns und Verhaltens. Rechtlich codiert führt dies zur Verpflichtung zum Schadensersatz. Beides bezieht sich auf natürliche und juristische Personen. Was bedeutet dieser Zurechnungsmodus aber in der Organisations- und Kooperationsökonomie im Hinblick auf die Verschiebung der gesellschaftlichen Steuerungstektonik? Was leistet er in einer Welt strategischer Abhängigkeiten der Wirtschaftsakteure, globaler Wirkungen lokaler Entscheidungen, der Schwäche internationalen Rechts und des Handelns unter Unsicherheit und Unwissenheit? Wie bewertet man Folgen vor dem Hintergrund multikultureller Wertesysteme? Über alle diese Fragen gibt es seit einiger Zeit eine internationale wirtschaftsethische Diskussion. Sie kann und soll hier nicht nachvollzogen werden. Unerlässlich scheint mir indes, auf einige Differenzierungen im Begriff der Verantwortung selbst hinzuweisen, deren Relevanz für Unternehmen erheblich ist.

Zunächst einmal konstatieren wir die Ausdehnung unternehmerischer Verantwortung in den drei W-Dimensionen: Wofür? Wem gegenüber? Wie viel? Wofür hat ein Unternehmen Verantwortung? Dieser Bereich dehnt sich, wie bereits erwähnt, unablässig lokal und global aus. Die Schaffung globaler Wertschöpfungsketten geht einher mit der Zurechnung von Verantwortung für Sozialstandards, Menschenrechte und globale Ökologie. Hinzu kommen die An- und Aufforderungen aus Programmen wie Corporate Citizenship, Global Compact oder in Europa Corporate Social Responsibility.

Wem gegenüber ist ein Unternehmen verantwortlich? Auch hier erstreckt sich inzwischen das Spektrum über Staat, Politik, Sozialpartner bis hin zu einer wachsenden Anzahl von kommunalen Bedürfnissen und lokalen wie globalen Nichtregierungsorganisationen.

Wie viel Verantwortung hat ein Unternehmen? Hier tendiert die Gesellschaft zu der Auffassung, dass Unternehmen zweckrationale Konstrukte sind, die mit jedweder Verantwortlichkeit umgehen könnten, wenn sie nur wollten. In der Kon-

Damit wären wir beim Thema Pandora, denn die naive Öffnung der Büchse mit dem Namen „Übernahme moralischer Verantwortung" durch ein Unternehmen ist immer vom Scheitern durch Überforderung bedroht.

sequenz führt das dazu, dass die Übernahme von sozialer Verantwortung durch ein Unternehmen zugleich die Andockstation neuer Erwartungen und Forderungen zur Übernahme sozialer oder moralischer Verantwortung wird.

Damit wären wir beim Thema Pandora, denn die naive Öffnung der Büchse mit dem Namen „Übernahme moralischer Verantwortung" durch ein Unternehmen ist immer vom Scheitern durch Überforderung bedroht. Andererseits sind die beschriebenen historischen und aktuellen Tendenzen irreversibel und signifikant für den Unternehmenserfolg. Konsequenterweise ist daher ihre Beachtung und Behandlung in den letzten Jahren zum Bestandteil guter Managementpraxis geworden. Im Kern lässt sich diese Entwicklung auf drei Begriffe bringen, die miteinander in Verbindung stehen: Verantwortung als Produkt von Zurechnung, Verantwortung als Produkt von Selbstbindung und Verantwortung als Produkt von Selbsterzwingung.

Der Begriff der Verantwortung als Produkt von *Zurechnung* bündelt die Erfahrung vieler Unternehmen, dass man Verantwortung nicht einfach objektiv hat, sondern dass sie ein Produkt sozialer Zurechnung mit ökonomischen Folgen ist. Aus der soziologischen Forschung wissen wir, dass Organisationen im Hinblick auf Verantwortlichkeit schärfer beurteilt werden als natürliche Personen. Das hängt mit dem Rationalitätsanspruch von Organisationen zusammen. Personen können und dürfen versagen, Organisationen nicht. Das Beispiel Shell/Brent Spar mag hier prototypisch angeführt sein. Obgleich alle erforderlichen Genehmigungen vorlagen und obgleich der Sachverhalt strittig war, ist dem Konzern im öffentlichen Diskurs Verantwortung mit ökonomischen Folgen zugerechnet worden. Die rechtliche Legalität des Entsorgungsprojekts stellte sich als temporär irrelevant für das unternehmerische Handeln heraus und wurde verdrängt durch die unscharfen Aspekte der Legitimität und der moralischen Verantwortung. Man darf vermuten, dass in dem Umfang, wie den Unternehmen globale gesellschaftliche Handlungsfähigkeit zugerechnet wird, auch die Bedeutung der Verantwortung als Produkt öffentlicher Zurechnung zunehmen wird.

Damit wird Verantwortung zu einer expliziten und routineförmigen Managementaufgabe, denn in der Krisenkommunikation haben Unternehmen keine Chance. Eine der Formen, diese Aufgabe wahrzunehmen, ist die *Selbstbindung* des Unternehmens. Dieser Typ von Verantwortung zielt auf eine freiwillige Verhaltensbindung ohne eine direkte externe Erzwingungsmöglichkeit. Zwei Beispiele seien hier angeführt. Zunächst möchte ich auf die rasch wachsende Bedeutung des „Soft Law" im internationalen Recht verweisen. Dabei handelt es sich um Verhaltensstandards der Vereinten Nationen für transnationale Unternehmen im Hinblick auf deren Investitionsverhalten oder Arbeits- und Sozialbedingungen. Sie werden von den Mitgliedsländern ratifiziert, jedoch ohne rechtlichen Erzwingungsanspruch. Ihre Bindewirkung ist das Resultat öffentlicher Kommunikation und der daraus folgenden Selbstverpflichtung der Unternehmen. Auf dieser Grundidee basieren auch „Codes of Ethics" und Ethik-Management-Systeme in Unternehmen. Mit solchen Instrumenten legt ein Unternehmen für sich und seine Mitarbeiter verbindliche Verhaltensstandards im Geschäftsleben fest und betreibt deren Durchsetzung. In den USA haben mehr als 90 Prozent der großen Unternehmen solche Standards, und fast 40 Prozent von ihnen haben „Ethics Offices", in denen „Ethics Officers" an der Umsetzung der Standards in die Unternehmenspraxis arbeiten. Das teilweise Misslingen dieser Umsetzung hat in den USA zum Sarbanes Oxley Act und in dessen Folge zur Einführung ethischer Kriterien in die Listing Standards der Börsen geführt. In Deutschland wurde im vergangenen Jahr das vierstufige WerteManagement-System^{ZfW} entwickelt, das die Mindestanforderungen an moralisch sensible Managementsysteme definiert. Unternehmen wie ABB Deutschland, BASF, Ethikmanagement der Bayerischen Bauindustrie e.V., Fraport, Siemens und Schwarz Pharma haben dieses System eingeführt und praktizieren es mit bemerkenswerten Erfolgen.

Bei der letzten Form von Verantwortung, der Verantwortung als Produkt von *Selbsterzwingung*, nutzt der Staat die Informationsvorsprünge und die Effizienz von Unternehmen, um Recht durchzusetzen. So hat im November 1991 der ame-

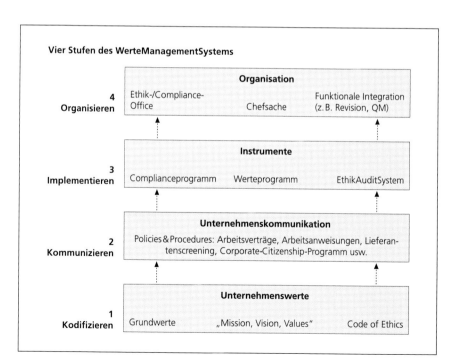

Vier Stufen des WerteManagementSystems

4 **Organisieren**	**Organisation**		
	Ethik-/Compliance-Office	Chefsache	Funktionale Integration (z.B. Revision, QM)
3 **Implementieren**	**Instrumente**		
	Complianceprogramm	Werteprogramm	EthikAuditSystem
2 **Kommunizieren**	**Unternehmenskommunikation**		
	Policies & Procedures: Arbeitsverträge, Arbeitsanweisungen, Lieferantenscreening, Corporate-Citizenship-Programm usw.		
1 **Kodifizieren**	**Unternehmenswerte**		
	Grundwerte	„Mission, Vision, Values"	Code of Ethics

rikanische Kongress die „Sentencing Guidelines" erlassen; im Herbst 1997 verabschiedete der EU-Rat ein beinahe analoges Gesetz. In ihnen wird unter anderem der Tatbestand des Organisationsverschuldens spezifiziert. Im Kern laufen diese Richtlinien auf einen Zuwachs finanzieller Verantwortung der Unternehmen für ungesetzliches Verhalten ihrer Mitarbeiter hinaus. Anders als etwa in Deutschland sind damit im ersten Schritt Unternehmen verantwortlich für die Handlungen ihrer Mitarbeiter. Die hohen Geldstrafen können im amerikanischen Modell signifikant (zwischen 20 und 95 Prozent) reduziert werden, wenn das beklagte Unternehmen zeigen kann, dass es gebührende Anstrengungen unternommen hat, gesetzeskonformes Verhalten seiner Akteure sicherzustellen. Umgekehrt kann die Strafe vervierfacht werden, wenn sich herausstellt, dass das Fehlverhalten des Mitarbeiters Ausdruck der Unternehmenspolitik ist. Es besteht also ein erheblicher finanzieller Anreiz für die Firmen, geltendes Recht im Unternehmen durchzusetzen. Ein weiteres analoges Beispiel ist das europäische Umweltrecht, das sich mehr und mehr auf Kontextvorgaben konzentriert und bei deren Umsetzung und Kontrolle auf die Unternehmen setzt. In der deutschen Wirtschaft finden sich in der Zwischenzeit Vereinbarungen zwischen der Deutschen Bahn AG und den Verbänden der Bauindustrie, Bauwirtschaft und des Bauhandwerks, die die Unternehmen und die Bahn in die Pflicht der Korruptionsbekämpfung durch Integritätsprogramme nehmen. Anreize bestehen hier durch finanzielle Sanktionen bei Fehlverhalten und ein Bonussystem für Unternehmen, die ihre Mitarbeiter zu integrem Verhalten anhalten.

Der Staat als Supervisor?

Das Gemeinsame an diesen „zwei mal drei" Varianten der Verantwortung ist, dass den Unternehmen Verantwortung für Sachverhalte zugewiesen wird, die bis dato in anderen Bereichen der Gesellschaft verankert waren. Über mögliche Ursachen dieser Entwicklung haben wir bereits diskutiert. Die Chancen und Risiken, die hier für Unternehmen liegen, wurden ebenfalls erörtert. Es bleibt die Frage, wie man diese Verschiebungen bewerten soll. Darüber gibt es in unserer Gesellschaft einen Dissens. Die einen sehen den ökonomischen Imperialismus auf den Begriff gebracht, wo es sich vermutlich nur um komparative Leistungsvorteile aus Dezentralität bei der Lösung gesellschaftlicher Probleme handelt. Die anderen glauben einem Revival des Marktliberalismus beizuwohnen, wo es um den Austausch von Organisationen (Staat/Unternehmen) mit dem Folgeproblem gesellschaftlicher Legitimierung und Kontrolle geht.

Diese Frontstellung wird noch kompliziert durch eine spezifisch deutsche Vorstellung von Ordnungspolitik. Deren Ausgangs- und Referenzpunkt ist der Staat, der Entscheidungen darüber trifft, welche der gesellschaftlichen Aufgaben er an private Organisationen abtritt. Es ist genau dieser Anspruch, der durch die Globalisierung auf immer mehr Gebieten als undurchführbar vorgeführt wird. Vielleicht besteht die Lösung ja nicht darin, an dieser Stelle den „Terror der Ökonomie" anzuklagen oder vor der „Globalisierungsfalle" zu warnen. Es geht um ein Mehr und nicht um ein Zurück.

Wir sollten realisieren, dass der Referenzpunkt der Ordnungspolitik nicht der Staat, sondern die Gesellschaft freier Bürger ist. Es sind die Bürger, die festlegen, welche der gesellschaftlichen Aufgaben sie über den Staat regeln wollen und welche über andere Organisationen. Dass der Staatsmacht dabei vermutlich die Rolle des „Supervisors" und des Erzwingungsgaranten für Kontextvorgaben an intermediäre gesellschaftliche Organisationen (wie Unternehmen, Verbände, Kirchen) zufallen wird, scheint plausibel. Aber der Staat ist in dieser Perspektive nur eine Organisation neben anderen Organisationen, deren gemeinsamer Zweck die effiziente Erledigung gesellschaftlicher Aufgaben ist. Dies zu verstehen und innerlich zu akzeptieren, ist wohl der politische Kern der schier unmöglichen Aufgabe, in Deutschland die Reform des Sozialsystems zu betreiben.

Prof. Dr. **Josef Wieland**, Lehre als Industriekaufmann; danach mehr als zehnjährige Tätigkeit in der Industrie. Studium der Wirtschaftswissenschaften und Philosophie (Promotion); 1995 Habilitation an der Universität Witten/Herdecke. Seit 1995 Lehrstuhlinhaber für BWL (Wirtschafts- und Unternehmensethik) an der FH Konstanz; Direktor des Konstanz Institut für WerteManagement (KIeM); Vorstandsmitglied des Deutschen Netzwerks Wirtschaftsethik (DNWE) und wissenschaftlicher Direktor des an das DNWE angeschlossenen Zentrums für Wirtschaftsethik gGmbH (ZfW). Zahlreiche Veröffentlichungen; Tätigkeit als Seminarleiter und Berater.

Die Diskussion über verantwortungsvolles unternehmerisches Handeln ist nach dem Zusammenbruch des Neuen Marktes präsenter denn je. Man sucht nach risikofreien Modellen zur Ankurbelung der Wirtschaft – nützt dabei aber die Rückkehr zu den alten Gewissheiten der Old Economy? Nikolaus Piper zeigt, dass das ökonomische Spiel zwischen Kapitalgeber, Unternehmer, Aktionär und Analyst zu komplex ist, um lediglich die so genannten alten Regeln wieder zu etablieren. Unternehmerische Verantwortung nach der New Economy heißt für ihn, bewusst mit Freiheit und Risiko umzugehen. Dies kann, wie bei allen Risiken, das Leben bereichern und die Gesamtwohlfahrt steigern – oder auch nicht.

Ade Neuer Markt

Unternehmerische Verantwortung nach dem Zusammenbruch der New Economy

Nikolaus Piper

In den Jahren der New Economy entwickelten die Deutschen ihre Sprache auf bemerkenswerte Weise weiter. Man sagte plötzlich „Shareholder Value", wenn man den Wert eines Unternehmens meinte, und entdeckte auf diese Weise, dass dieser Wert überhaupt ein Thema ist. Man hörte vom „Spreadsheet", einer Tabelle, mittels derer merkwürdige Wesen mit Namen „Analysten" die Gewinnaussichten einer Firma und damit den „Fair Value" von deren Aktie feststellten. Und schließlich gab es die „Story", die das Management den Analysten und dem interessierten Publikum erzählte und die diese davon überzeugte, dass Kurssteigerungen einer Aktie von 30 000 Prozent und ein Kurs-Gewinn-Verhältnis (KGV) von über 300 durchaus mit dem besagten „Fair Value" zu vereinbaren waren. Dass man also mit anderen Worten überhaupt nicht beunruhigt sein musste bei dem Gedanken, dass es 300 Jahre dauern würde, um aus dem aktuellen Gewinn des Unternehmens den Kaufpreis der Aktie zu verdienen. Wobei der altmodische Begriff des KGV ohnehin in „Price-Earnings-Ratio" umgetauft und dann als überholt abgelegt wurde.

Fragte man damals einen Analysten, ob es denn wirklich mit rechten Dingen zugehen könne, wenn ein Unternehmen des Neuen Marktes, nennen wir es einmal EM.TV, mehr wert sei als die gesamte Lufthansa, dann konnte es einem passieren, dass dieser nur antwortete: „Aber sehen Sie sich doch die Story von EM.TV an! Die Lufthansa, das sind doch bloß Flugzeuge! Old Economy!" Wer wagte da noch einzuwenden, dass ein Flugzeug eigentlich doch ein ganz nützlicher Gegenstand sei, mit dem sich in der Regel auch Geld verdienen lässt, während man das ja mit den Filmrechten erst noch sehen müsse. Damals gab es einen in Deutschland wohl bekannten Manager, der sich nur mit erkennbar schlechtem Gewissen zum World Economic Forum nach Davos traute, weil er so etwas Degoutantes wie Waschmaschinen produzierte. Waschmaschinen! Und noch nicht einmal ein E-Commerce-Konzept dafür! Es war die Zeit, in der 27-jährige Hochschulabsolventen einem genau ausrechnen konnten, wie man Siemens in seine Einzelteile zerlegen sollte und zu welchem internationalen Konzern BMW passen würde, weil die Firma ja allein nicht überlebensfähig war. Und sie fanden Gehör damit.

Der freie Fall des Neuen Marktes

Wie alle wissen, sind diese Zeiten vorbei. Seit der Deutsche Aktienindex unter die Marke von 3000 Punkten gefallen ist, hört man an den Aktienmärkten nicht mehr auf die Analysten, sondern auf die Rating-Agenturen. Eine Story lockt niemanden mehr hinter dem Ofen hervor, sondern Fakten über Risiken, Kosten, Aufträge, Märkte. Nicht nur die Kurse, auch das Denken ist am Boden angekommen. Nicht auf die „Phantasie", die in den Kursen stecken könnte, kommt es an, sondern auf die Lasten der Vergangenheit, auf Schulden, auf den Bedarf an Wertberichtigungen und Sonderabschreibungen. In Deutschland war der Zusammenbruch viel ausgeprägter als jenseits des Atlantiks. Siebzig Prozent seines Wertes hat der DAX seit seinem Höchststand Anfang 2000 verloren. Und den Nemax 50, den Index des Neuen Marktes, gibt es gleich gar nicht mehr. Am Neuen Markt notiert zu sein, ist fast zu einem Makel geworden; ein neuer Index mit dem unverfänglichen Namen TecDAX wurde erfunden. Die psychologische Wirkung dieser Abfolge von spekulativem Wahn und tiefer Baisse war verheerend. Viele Deutsche, die nach der Privatisierung der Deutschen Telekom zum ersten Mal die Aktie als Anlageinstrument für sich entdeckt hatten, haben viel Geld verloren und sehen sich in ihrer früheren Meinung bestätigt, dass man sich als anständiger Bürger von der Börse eher fern halten sollte. Gar nicht zu reden von jenen, die in Erwartung von Renditen von 50 Prozent und mehr ihre Altersversorgung in irgendeinen verrückten Wert des Neuen Marktes investiert hatten.

In der Geschichte steckt ein Stück Tragik. Gerade hatten die Deutschen begonnen, ein normaleres Verhältnis zum Kapitalmarkt und damit zum Unternehmertum zu bekommen, nun wurden sie dafür bestraft. Die Helden der New Economy haben sich als Blender, in einigen Fällen sogar als Betrüger entpuppt. Wie sollte man da nicht nach alten Gewissheiten streben? War also der ganze Boom umsonst? Waren die Hoffnungen auf eine neue Kultur der Selbstständigkeit, des Unternehmertums und der Risikobereitschaft vergebens, untergegangen mit den Imperien der Haffas und Konsorten?

Die Frage berührt die Grundlagen der Gesellschaft. Von der Antwort darauf hängt ab, wie viel Zuversicht man in die Zukunft der deutschen Wirtschaft setzen kann und ob unsere Kinder Aussicht auf Wohlstand und Prosperität haben. Sieht man wirklich eine zentrale Rolle für die Unternehmer in Deutschland? Glaubt man, wie Adam Smith, dass der Wettbewerb die Unternehmer „mit unsichtbarer Hand" dazu anleitet, für das Gemeinwohl zu wirken? Und hält man den Mittelstand, also das kleine und mittlere Unternehmertum, wirklich für das Rückgrat der deutschen Wirtschaft? Auch jetzt noch, da die verrückten Zeiten vorbei sind, die Arbeitslosenzahlen steigen und man sich nach Sicherheit sehnt? Man sollte die Antwort nicht voreilig geben.

Was ist ein Unternehmer?

Ein Unternehmer zeichnet sich nach Joseph Schumpeter dadurch aus, dass er „neue Kombinationen" durchsetzt. Dazu gehören neue Produkte, neue Produktionsverfahren, aber auch neue Marktformen. In diesem Sinne waren viele der schillernden Figuren des Neuen Marktes ganz sicher Unternehmer im Schumpeter'schen Sinne. Es ist ein Prozess „schöpferischer Zerstörung", um den berühmtesten Begriff zu verwenden, wenn man Wege findet, mit der Bundesliga mehrfach so viel Geld zu verdienen wie bisher, selbst wenn das Verfahren dabei hoch spekulativ ist. Aber wo kommt das Kapital her, mit dem der Unternehmer diesen Prozess vorantreibt? Friedrich A. von Hayek beschrieb sehr eindrücklich, dass der Wettbewerb verknöchert, wenn die Märkte von

Die Helden der New Economy haben sich als Blender, in einigen Fällen sogar als Betrüger entpuppt. Wie sollte man da nicht nach alten Gewissheiten streben? War also der ganze Boom umsonst?

bürokratischen Großunternehmen mit einem bezahlten Management beherrscht werden. Nötig seien immer wieder neue, kleine Unternehmen, für die der „Kapital besitzende Einzelne, der imstande ist Risiken zu tragen", unerlässlich sei. Deshalb war der Boom der New Economy in Deutschland ja von so viel Hoffnungen getragen. Plötzlich bekamen Unternehmen Risikokapital, in großen Mengen und zu phantastischen Konditionen.

Risikokapital – das ist der Begriff, in dem die Hoffnungen auf eine neue Aktienkultur und auf eine Renaissance des Unternehmertums zusammentreffen. Ein Unternehmer zeichnet sich eigentlich dadurch aus, dass er sein eigenes Geld riskiert und investiert. Nun sind unternehmerisches Talent und Kapitalbesitz bekanntlich nicht immer in einer Person vereint. Der Unternehmer braucht in der Regel fremdes Geld. Dabei kann es sich um Fremdkapital handeln, ein Instrument, mit dem Leo Kirch meisterlich umging, wenigstens ehe er den Bogen im beginnenden Abschwung überspannte. Die Kreditgewährung, so schrieb Schumpeter, wirkt „wie ein Befehl an die Volkswirtschaft, sich den Zwecken des Unternehmers zu fügen". Der modernere Weg ist es, sich Kapital an der Börse zu beschaffen. Und hier beginnt das Drama des Neuen Marktes.

Aber ehe wir dieses Drama weiter verfolgen, sollten wir noch einmal diesen Satz genauer ansehen: Der Unternehmer riskiert sein eigenes Geld. Das wird so leicht dahingesagt, ohne dass man sich dessen ganze Konsequenz klar macht. Dieses Sein-eigenes-Geld-riskieren bedingt ja eine bestimmte Qualität und auch

43

ein ökonomisches Versprechen: Unternehmertum sorgt für Freiheit und Effizienz. Zunächst einmal ist die persönliche Verfügung über große Kapitalmengen nach Hayek eine Voraussetzung dafür, dass der Wettbewerb seine freiheitsstiftende Rolle überhaupt entfalten kann. Aus dieser Freiheit ergibt sich unmittelbar auch seine wohlfahrtssteigernde Funktion. Da der Unternehmer Erfolg und Scheitern unmittelbar in seinem Einkommen und Vermögen merkt, wird er ein besonderes Engagement an den Tag legen. Wer auf eigene Rechnung arbeitet, wird sich ganz einfach mehr anstrengen, als wenn er nur der bezahlte Direktor einer staatlichen Institution wäre. Das muss natürlich nicht immer so sein, aber auf der Vermutung, dass es meistens so ist, beruht die These von der segensreichen Funktion des Unternehmertums.

Die These hat eine besondere wissenstheoretische Implikation. Weil Wohl und Wehe von seinem Engagement abhängen, wird der Unternehmer sich besonders intensiv um die nötigen Informationen für sein Geschäft bemühen. Er wird sich Wissen suchen und er wird es besonders effektiv nutzen, und zwar explizites

> Viele Informationen, das wissen wir seit Hayek, sind in einer Wirtschaft verstreut, wir nutzen sie, ohne dass wir uns dessen bewusst sind.

und, was noch wichtiger ist, implizites Wissen. Viele Informationen, das wissen wir seit Hayek, sind in einer Wirtschaft verstreut, wir nutzen sie, ohne dass wir uns dessen bewusst sind. Träger der Informationen sind vor allem die Preise, aber auch viele andere, beiläufige Bemerkungen von Vertrauten, scheinbar Belangloses, das wir unbewusst verarbeiten und an dem wir unser Verhalten orientieren. Wenn der Bäcker seine Brötchen nicht mehr zum gewohnten Preis verkaufen kann, dann hat er nicht nur ein Problem, sondern auch eine Information und eine Handlungsaufforderung: Ändere etwas! Je höher der Einsatz, desto größer das Engagement bei der Informationsbeschaffung.

Man muss nicht Unternehmer sein, um selbst Erfahrung mit diesem Mechanismus gemacht zu haben. Wer kann schon aus dem Stande theoretisch beschreiben, wie er Auto fährt? Tatsächlich ist unser Verhalten im Straßenverkehr von einer Fülle impliziten Wissens bestimmt, das wir in jeder Sekunde mobilisieren können, zum Beispiel, wenn uns jemand plötzlich die Vorfahrt nimmt. Wir reagieren dann (meist) intuitiv richtig; wäre es anders, so würden wir die Tätigkeit des Autofahrens kaum lange überleben. Jeder BWL-Student belegt in einem der ersten Semester eine Vorlesung über Entscheidungslehre und lernt dort, wie die Entscheidung über eine Investition rational vorbereitet wird. Aber gibt diese rationale Vorbereitung, also die Nutzung expliziter Informationen, wirklich den Ausschlag? Meistens fällt doch – bei großen unternehmerischen Erfolgen ebenso wie bei spektakulären Fehlschlägen – die Entscheidung aus dem Bauch heraus. „Intuitiv" werden implizite Informationen herangezogen, und die Vermutung ist, dass der Unternehmer, der sein eigenes Geld riskiert, dies eben besonders gut macht.

Das spannungsreiche Verhältnis von Unternehmer und Kapitalgeber

Die Sache wird schwieriger, wenn im Großunternehmen sich die Funktion von Unternehmer und Kapitalgeber trennen, wenn die Eigentümer also ein bezahltes Management mit der Führung der Firma beauftragen. Dann droht die Verkrustung, von der Hayek geschrieben hat, dann tritt auch das „Principal-Agent-Problem" auf: Der bezahlte Manager weiß viel mehr als der Kapitalgeber über die Märkte des Unternehmens, was so weit gehen kann, dass er sich selbst subjektiv als Quasi-Unternehmer wahrnimmt. Trotzdem ist sein Risiko begrenzt, ihm droht im schlimmsten Fall der mit einer hohen Abfindung vergoldete Verlust des Arbeitsplatzes, und auch da ist die Toleranzschwelle der Eigentümer, also der Aktionäre und der von ihnen bestellten Aufsichtsräte, zumindest in Deutschland meist sehr hoch. Für Vorstandsvorsitzende steht im Zweifel eher noch weniger auf dem Spiel als für einen normalen Arbeitnehmer, der vielleicht Kündigungsschutz genießt, der aber im Krisenfalle ins unbequeme Netz der staatlichen Arbeitslosenversicherung fällt.

Wie können Kapitaleigner sicherstellen, dass das bezahlte Management wirklich in ihrem Interesse handelt? Die ganze Debatte um „Corporate Governance" lässt sich auf diese Frage reduzieren. Bemerkenswert ist, dass die ganze Kultur des „Shareholder Value" das Problem nicht wirklich gelöst hat. Zwar hat jede größere Aktiengesellschaft heute eine Abteilung für Investor Relations, zwar sind

45

die Strukturen der Unternehmen ungleich transparenter geworden als in den Zeiten der guten, alten Deutschland AG. Vorstandsvorsitzende müssen heute einen beträchtlichen Teil ihrer Zeit für Gespräche mit Analysten, Investmentfonds und, neuerdings, mit Rating-Agenturen aufwenden. Aber dies alles hat weder Bilanzskandale noch gigantische Fehlinvestitionen verhindern können. In den Vereinigten Staaten klagen Großaktionäre gegen AOL Time Warner, weil sie den Verdacht haben, der fusionierte Konzern sei nur durch Tricks und Fälschungen und zur Bereicherung des Managements zustande gekommen. Ob die Fusion von Daimler-Benz und Chrysler den Aktionären genützt hat, lässt sich angesichts der heutigen Kurse schwerlich behaupten, dass er gut für die Vorstände war, ist in den Bezügen wohl dokumentiert. Ein amerikanischer Kritiker sagte einmal, statt „Shareholder Value" solle man künftig lieber „CEO Value" sagen. Auf jeden Fall lässt sich das Principal-Agent-Problem nicht allein durch Transparenz und Investor Relations lösen. Noch weniger sind Aktienoptionen für den Vorstand eine Lösung, wenn man bedenkt, wie viel Gestaltungsmöglichkeiten es beim Aktienkurs gibt.

Am Neuen Markt, wo quasi Risikokapital öffentlich gehandelt wird, kommt eine weitere Dimension hinzu. Typischerweise gibt es dort einen Unternehmer, der bereits eigenes Geld investiert hat und nun aber für die Verwirklichung seiner Vision das Geld anderer Leute braucht. Aus Sicht des Aktionärs stellt sich das Principal-Agent-Problem gleich doppelt: Es gibt einen Mitaktionär, der über einen enormen Wissensvorsprung verfügt. Wie soll der Anleger da sicherstellen, dass die Firma in seinem Sinne geführt wird, dass sein Eigentum richtig eingesetzt wird? Für den Unternehmensgründer ist die Versuchung groß, sich, wie geschehen, im günstigen Moment von seinen Aktien zu trennen und den uninformierten Neuaktionär mit dem Risiko alleine zu lassen. Ebenso groß ist die Versuchung, seine Kreativität nur noch auf die Kapitalbeschaffung und nicht mehr auf den Markt zu richten.

Was weiß der Aktionär? Und was kann der Analyst wissen?

Es ist klar: Bei dieser asymmetrischen Informationsverteilung braucht der Aktionär Hilfe, und diese Hilfe bietet ihm der Analyst an. Er blickt in die Unternehmen, er schaut in die Firmen, er grillt das Management, er beschafft sich die Zahlen, trägt sie in sein Spreadsheet ein, geht auf Konferenzen und sagt dann: kaufen, halten oder verkaufen. Fast ist man geneigt, diesen Satz in die Vergangenheitsform zu setzen, denn welcher Anleger fragt heute noch wirklich einen Analysten um Rat, wenn er sich denn überhaupt entschließt, Aktien zu kaufen? Die gigantischen Fehlleistungen der Branche sind längst bekannt, bekannt sind

Nun haben gerade junge Unternehmen mit neuen Märkten zu tun, mit Dingen, für die es keine Vorbilder gibt. Erfahrung hilft da nur in Grenzen.

auch die vielen Fälle von krassen Interessenkollisionen, in die Analysten geraten sind. Aber diese Fälle interessieren uns hier nicht. Spannender ist die Frage: Was kann der Analyst eigentlich wissen? John Maynard Keynes, ein erfahrener und erfolgreicher Spekulant, gab seinem Neffen einmal einen weisen Rat, was den Umgang mit Kapitalmarktinformationen angeht: Mache immer genau das Gegenteil von dem, was dir dein Broker rät. Empfiehlt er dir den Kauf einer Aktie, dann hat die entsprechenden Informationen jeder und das Papier ist längst überteuert. Bei einer Verkaufsempfehlung gilt das Gleiche sinngemäß.

Bei Brokern und Analysten taucht wieder das Problem der expliziten und impliziten Informationen auf. Natürlich können Analysten die verfügbaren expliziten Informationen über ein Unternehmen, einen Markt und eine ganze Volkswirtschaft sammeln und systematisieren. Sie können für Transparenz sorgen, im Idealfall sogar so gut, dass der Unternehmer oder der Vorstand eines Konzerns lernt, oder dass ihm bestimmte Dinge erst bewusst werden. Aber was ist mit dem impliziten Wissen? Jenen Informationen, die ein Unternehmer nutzt, ohne sich dessen bewusst zu sein, um eine Entscheidung zu treffen, von der er hinterher sagt, dass er sie „aus dem Bauch heraus" getroffen habe? Zwar sind die Bedingungen für die Nutzung dieses Wissens besonders günstig, wenn man sein eigenes Geld investiert, aber natürlich können auch angestellte Vorstände, Spezialisten von Rating-Agenturen und auch Analysten sich solches Wissen erwerben. Sie brauchen dazu nur – Erfahrung. Der ganz altmodische Lehrsatz, dass man für bestimmte Dinge einfach Lebenserfahrung braucht – in der Ökonomie der Wissensnutzung hat er seine Begründung. Wer schon zwei Rezessionen in verantwortlicher Position mitgemacht hat, wird das Downturn-Management anders angehen als jemand, der nur an Umsätze gewohnt ist, die mit zweistelligen Raten wachsen. Und wer sich als Analyst ein paar grobe Schnitzer geleistet hat und zur Selbstkritik fähig ist, der hat sich implizites Wissen angeeignet.

Nun haben gerade junge Unternehmen mit neuen Märkten zu tun, mit Dingen, für die es keine Vorbilder gibt. Erfahrung hilft da nur in Grenzen. Wer über die Zukunftschancen des Tourismus, den Handel mit Filmrechten oder gar über Biotechnologie entscheiden will, darf nicht einfach die Vergangenheit extrapolieren. Er muss unternehmerisch handeln im eigentlichen Sinne und die entsprechenden Risiken eingehen. Nur eines von zehn Forschungsprojekten in einer durchschnittlichen Biotech-Firma führt schließlich zu einem wirksamen und marktfähigen Medikament. Wie soll ein junger Betriebswirt aus dem Aktienresearch einer Bank die Chancen dieser Firmen beurteilen können, wenn er noch nicht einmal versteht, was in den Reagenzgläsern dort vor sich geht? Was Analysten zur Beurteilung von innovativen Firmen beitragen können, sind Diskussionsbeiträge über bestehende Märkte, mehr nicht. Er kann dumme Fragen an das Management stellen und sehen, ob das Management sie klug beantwortet. Hier liegt übrigens ein wesentlicher Unterschied zum Kreditsachbearbeiter einer Bank oder dem Researcher einer Rating-Agentur: Sie haben es mit Informationen über die Vergangenheit zu tun, und die sind definitionsgemäß explizit. In schlechten Zeiten sind die Menschen risikoavers, sie verlassen sich auf das, was man zumindest theoretisch in Erfahrung bringen kann, zum Beispiel den Schuldenstand einer Firma, deren Kostenstruktur und Liquidität. Ähnliches lässt sich über die Marktchancen eines neuen Produkts nicht sagen. Insofern ist die Aussage: „Wir raten die Firma XY mit AA" von wesentlich besserer Qualität als die Aussage: „Wir empfehlen die Firma zum Kauf", vorausgesetzt natürlich, sie wird mit der nötigen Professionalität getroffen.

Die Begrenztheit vollkommener Kapitalmärkte

Immer geht es also bei unternehmerischem Handeln darum, was man in der Wirtschaft überhaupt wissen kann, welche Informationen wem wann zur Verfügung stehen. An dieser Stelle ist noch über einen weiteren Begriff zu reden, den des „vollkommenen Kapitalmarktes".

Die Theorie des vollkommenen Kapitalmarktes besagt, stark vereinfacht, dass in den aktuellen Aktienkursen alle verfügbaren Informationen stecken, woraus unmittelbar folgt, dass man sinnvoll an der Börse eigentlich gar nicht spekulieren kann. Wie auch, wenn alle alles wissen? Börsengewinne wären danach das

Wer in Aktien investiert, der investiert in unternehmerisches Risiko – und dessen Höhe hängt nun einmal vom Unternehmer ab, von seinen geschäftlichen, aber auch seinen menschlichen Qualitäten.

Ergebnis von Trend oder Zufall oder Insiderhandel. Man bräuchte allerdings, und das wird gerne unterschlagen, auch gar kein Aktienresearch mehr, sondern könnte darauf trauen, dass die anderen einem die Arbeit der Informationsbeschaffung über die Aktien schon abnehmen. Insofern leidet der Begriff des „vollkommenen Kapitalmarktes" unter einem erheblichen inneren Widerspruch: Er behauptet einerseits, dass die Kapitalmärkte viel klüger sind als der Rest der Welt, denn wenn irgendwo alle verfügbaren Informationen eingepreist sind, dann ist das schlechterdings von nichts und niemandem zu toppen. Wir erinnern uns: Der Kapitalmarkt weiß besser als der Vorstand, wie Siemens zu strukturieren ist, sagten die Analysten Ende der neunziger Jahre. Andererseits würde diese Theorie, nähme man sie wirklich ernst, die meisten Akteure an den Kapitalmärkten überflüssig machen.

Warren Buffett, der große Unternehmer und Investor aus dem Mittleren Westen der Vereinigten Staaten, weiß über diese Theorie hintersinnig zu spotten. Eigentlich sei es toll, wenn die Theorie von den vollkommenen Kapitalmärkten weite Verbreitung finde: „Wenn ich eine Reederei betreibe und meine wichtigsten Konkurrenten glauben, die Erde sei eine Scheibe, dann habe ich doch einen klaren Wettbewerbsvorteil." Will sagen: Die Theorie ist Mumpitz, angemaßtes Wissen, im Sinne von Friedrich A. von Hayek. Der zweitreichste Mann der Welt und Idol der amerikanischen Kleinanleger sagt, er kaufe nur Unternehmen, deren Geschäft er verstehe. Hamburger zum Beispiel, Eiscreme, Zeitungen und jetzt eine Rückversicherung. Aus diesem Grunde ließ Buffett die Finger von der ganzen New Economy und wurde deshalb viel verspottet. Heute wird er mehr verehrt denn je. Denn seine konservativen Anlagegrundsätze haben sich bewährt. Wenn Buffett ein Unternehmen versteht, dann kann er implizite Informationen nutzen, er kann den „intrinsischen Wert" (Buffett) der Firma erahnen und danach seine Anlageentscheidungen treffen. Das schützt nicht vor kapitalen Fehlern, aber es erhöht die Erfolgschancen. Buffetts Wissensökonomie spricht auch dafür, dass es klug ist, Anteile an einem Unternehmen zu erwerben, nicht nur um sie möglichst schnell wieder zu verkaufen, sondern um sie zu behalten. Das nachhaltige Bekenntnis des Anlegers zu einem bestimmten Unternehmen kann sich lohnen, jedenfalls dann, wenn der Anleger groß genug ist, um sich wirklich darum zu kümmern.

Warren Buffett könnte vielleicht sogar als Rollenmodell dienen, wenn es darum geht, die Unternehmerkultur in Deutschland nach dem Zusammenbruch der New Economy neu aufzubauen. Letztlich kommt es auf die Person des Unternehmers an und auf das Management, das er sich ausgesucht hat. Der Anleger muss sich entscheiden, ob er der Spitze einer Firma zutraut, den Unternehmenswert zu mehren, oder nicht. Das System Buffett beruht auf der Person Buffett. Der Mann aus Omaha hat viele richtige Entscheidungen in seinem langen Leben getroffen. Das hat ein Vertrauenskapital geschaffen, das er jetzt einsetzen kann. Die Anleger glauben, dass bei Buffett das Verhältnis von Chancen und Risiko stimmt. Wobei klar ist, dass das Risiko nicht eliminiert werden kann, wie auch Buffetts Fehlschläge zeigen. Die Anleger wissen, dass sie notfalls an diesen Fehlschlägen partizipieren müssen.

50 Unternehmerische Freiheit und unternehmerisches Risiko gehören zusammen

So gesehen war vieles, was in den Boom-Jahren in Deutschland über Aktien gesagt und geschrieben wurde, ganz einfach angemaßtes Wissen. Das fängt mit dem Kult um die T-Aktie als vermeintlicher Volksaktie an. Keine Aktie der Welt kann das Versprechen erfüllen, das das Wort von der Volksaktie beinhaltet: Sicherheit und beständiges Wachstum. Jede Aktie ist ein Risikopapier, und erst recht die eines ehemaligen Staatsmonopolisten, der sich auf einem nervösen High-Tech-Markt behaupten muss. Und die Anmaßung hört auf bei den unzähligen Kaufempfehlungen und Kurszielen in Bankbroschüren und Anlegermagazinen.

Wer in Aktien investiert, der investiert in unternehmerisches Risiko – und dessen Höhe hängt nun einmal vom Unternehmer ab, von seinen geschäftlichen, aber auch seinen menschlichen Qualitäten. Unternehmerische Freiheit und unternehmerisches Risiko gehören zusammen. Zur Chance des Erfolgs gehört die Gefahr des Scheiterns. Kein Bankberater und kein Analyst können dieses Risiko abnehmen. Zudem ist das, was wir sicher wissen können, sehr begrenzt. Unternehmen haben mit Zukunft zu tun, und die Zukunft ist immer unsicher. Es wäre schlimm, wenn wir uns der Zukunft sicher sein könnten, denn das wäre das Ende jeder Innovation.

Man kann daraus den Schluss ziehen, dass man Risiken besser meidet, und kommt damit auch ganz gut durchs Leben. Man kann aber auch die Ungewissheiten bewusst in Kauf nehmen und versuchen, Neues zu schaffen. Das kann, bei allen Risiken, das Leben bereichern. Das Versprechen des Kapitalismus liegt darin, dass unternehmerisches Verhalten in diesem Sinn auch die Gesamtwohlfahrt steigert. Nicht sicher, aber wahrscheinlich.

Wenn diese Zusammenhänge wieder ins allgemeine Bewusstsein zurückkehrten, dann hätte das Ende des Neuen Markts auch etwas Gutes.

Nikolaus Piper, Studium der Volkswirtschaftslehre. Journalistische Tätigkeit für die ZEIT, Associated Press und weitere Zeitungen; seit 1999 Leiter des Wirtschaftsressorts der Süddeutschen Zeitung. Auszeichnung mit dem Ludwig-Erhard-Preis für Wirtschaftspublizistik 2001; Veröffentlichung von „Die großen Ökonomen" (Herausgeber, 1994), „Die neuen Ökonomen. Stars, Vordenker und Macher deutschsprachiger Wirtschaftswissenschaft" (1997), „Felix und das liebe Geld" (1998), wofür Piper unter anderem mit dem Quandt-Medienpreis ausgezeichnet wurde, und „Geschichte der Wirtschaft" (2002).

II.
Verantwortung stiften

Peter Lex

Hans-Dieter Weger

Michael Göring

Matthias Schwark

Verantwortungsvolles unternehmerisches Handeln schließt einen verantwortungsvollen Umgang mit dem unternehmerischen Vermögen mit ein. Eine mögliche Form, diese Verantwortung wahrzunehmen, bietet die Gründung einer Stiftung. Peter Lex erläutert die rechtlichen Rahmenbedingungen und zeigt, unter welchen Bedingungen Stiftungen als Träger unternehmerischen Vermögens sinnvoll sind.

Stiftung und Unternehmen
Stiftungen als Träger unternehmerischen Vermögens
Peter Lex

Ökonomie und unternehmerisches Handeln sind als Gestaltungsprinzipien auch außerhalb der Wirtschaft von großer Bedeutung – dies zu vermitteln, war und ist ein zentrales Anliegen Eberhard v. Kuenheims. Er beschränkt unternehmerisches Handeln nicht auf den wirtschaftlichen Bereich; vielmehr ist es der Grundzug bewussten, verantwortungsvollen, ja „freudigen" Lebens. Die angemessene Erbringung jeder Leistung setzt nach seiner Auffassung unternehmerisches Vorgehen voraus. So wird der Unternehmer zum Hoffnungsträger unserer Gesellschaft.

Wer glaubt, dass Eberhard v. Kuenheim damit eine visionäre Mindermeinung vertritt, ist im Irrtum. Nach einer Umfrage des Instituts für Demoskopie Allensbach vom November 2001 über das „Bild des Unternehmers in der deutschen Öffentlichkeit" halten immerhin 60 Prozent der Bevölkerung die Unternehmer für Hoffnungsträger der Gesellschaft (gegenüber 29 Prozent Ende der achtziger Jahre), und natürlich stützt sich diese öffentliche Meinung nicht allein auf die betrieblich-ökonomischen Erwartungen. Sie sieht vielmehr den Unternehmer als führendes Mitglied des gesellschaftlichen Ganzen. Zu dieser deutlichen Aufwertung des Unternehmerbildes in der Bevölkerung hat mit Sicherheit beigetragen, dass eine große Anzahl von Unternehmern betriebliches und privates Vermögen auf Dauer gemeinnützigen oder mildtätigen Zwecken durch Errichtung von Stiftungen gewidmet, sich also von einer anderen, nicht weniger unternehmerischen Seite gezeigt hat.

Umgekehrt kann getrost der Schluss gezogen werden, dass jeder Stifter auf seine Weise auch Unternehmer ist; denn sein Handeln setzt den Mut voraus, Neues zu schaffen, und den Willen, die Gesellschaft zu bewegen. Was anders als der unternehmerische Antrieb sollte sonst Menschen veranlassen, sich von erheblichen Vermögenswerten zum Wohl der Allgemeinheit oder zur Hilfe für Menschen in Not zu trennen? Steuervorteile sind, entgegen einer geläufigen Auffassung, keine Triebfeder für Stifter; denn wo läge der Vorteil, wenn man einen Euro zahlen muss, um 50 Cent Steuer zu sparen?

Wir wollen im Folgenden untersuchen, ob sich Stiftungen als Träger unternehmerischen Vermögens eignen, welche Formen für diese Trägerschaft zur Verfügung stehen und welche unternehmensspezifischen Erfordernisse zu beachten sind.

Der Weg zur Stiftung

Beispiele machen neugierig. Man muss nicht seine Geschichtskenntnisse mit Jakob Fugger dem Älteren und der Augsburger Fuggerei oder dem Fürstbischof Julius Echter und seinem Würzburger Juliusspital strapazieren. Prominente Unternehmer der jüngeren Vergangenheit haben ihre Namen mit Stiftungen verbunden, die mit unternehmerischem Vermögen ausgestattet wurden: Zeiss, Bosch, Krupp, Thyssen, Karg, Toepfer, Koerber, Mohn, Schweisfurth, Bucerius, um nur einige Namen zu nennen, sind stiftungswilligen Unternehmern unserer Zeit mit ihrer Idee vorangegangen, Vermögen, das nicht mehr frei verfügbar ist, in den neuen unternehmerischen Bereich der Stiftung einzubringen. Was hat sie dazu bewogen?

Betriebliche Vermögensgegenstände sind nicht frei handelbare Güter wie beispielsweise Immobilien oder Wertpapiere des Privatvermögens. Sie sind eingebunden in den dynamischen ökonomischen Prozess. Ihre Anschaffung, Verwertung und Veräußerung erfolgt unter Gesichtspunkten des gesamtbetrieblichen Nutzens. Dies gilt auch für Unternehmensanteile. Allerdings steht hier neben dem Gesichtspunkt der Bewahrung des Unternehmens und der Verantwortung

55

für die Mitarbeiter auch das Interesse des Unternehmers an der Erhaltung des Vermögenswertes und gegebenenfalls an der Realisierung dieses Wertes durch Veräußerung im Ganzen. Im Regelfall veräußert der Unternehmer unter Inkaufnahme hoher Steuerlasten aber nur, wenn er keine andere Perspektive für seine Nachfolge in der Unternehmensführung oder für die Zukunft seines Unternehmens hat. Die Stiftung kann eine solche andere Perspektive eröffnen. Beginnen wir zum Beispiel mit der Erkenntnis der Herren Bosch und Mohn, dass die soziale Verantwortung für den Betrieb das eigene Vermögensinteresse überwiegt, so ergibt sich von selbst die Fragestellung, ob diese soziale Verantwortung geborenen oder gekorenen Nachfolgern oder einem Erwerber anvertraut werden kann.

> Jeder Stifter ist auf seine Weise Unternehmer: Sein Handeln setzt den Mut voraus, Neues zu schaffen, und den Willen, die Gesellschaft zu bewegen.

Managementfähigkeiten erwirbt man, wie an vielen Beispielen gescheiterter Familienunternehmen sichtbar wurde, nicht durch Geburt. Und die aus zahlreichen Familienmitgliedern bestehende Gesellschafterversammlung ist für die nachfolgende Unternehmensleitung wahrlich keine reizvolle Aussicht. Die Erfahrung zeigt, dass gutes Management eher für Betriebe zu gewinnen ist, deren Anteile in der „ruhigen Hand" einer Stiftung liegen.

Als attraktiver Weg zwischen Verkauf und Familie konkretisiert sich die Stiftung dann, wenn sie dem Stifter-Unternehmer für sich und seine Familie die Möglichkeit bietet, auf das Schicksal des Unternehmens weiterhin Einfluss zu nehmen und auch den Angehörigen für alle Versorgungsfälle ausreichendes Einkommen zu sichern. An dieser Stelle wird der potenzielle Stifter fragen, wo künftig sein Platz sein wird: Wie bisher in der Chefetage des Unternehmens oder in einem der Stiftungsgremien? Das kann er sich so einrichten, wie es ihm die Satzung seiner Gesellschaft und der Stiftung sowie die Einschätzung der eigenen Leistungsfähigkeit erlauben. Im Normalfall scheidet der Stifter aus der Unternehmensführung aus und nimmt als Stiftungsvorstand die Rechte des Gesellschafters wahr, gegebenenfalls auch des Aufsichtsrats im Unternehmen. Geschäftsführendes Organ der Stiftung und des Unternehmens zugleich kann er aus steuerlichen Gründen nicht werden.

Die Versorgung kann durch entsprechende Vorbehalte im Rahmen der Anteilsübertragung durch Rentenleistungen, Gewinnanteile, Wohn- und Nutzungsrechte gesichert werden.

Nicht zu unterschätzen ist das Motiv des Stifters, als Mäzen die kulturellen, wissenschaftlichen oder sozialen Belange der Gesellschaft zu fördern und dafür seine unternehmerischen Fähigkeiten über die eigene Lebensdauer hinaus zu verwirklichen. Ein glänzendes Beispiel für die Bewahrung eines guten unternehmerischen Namens ist die Robert Bosch Stiftung als Mehrheitsgesellschafter der florierenden Robert Bosch GmbH. Nach den statistischen Feststellungen des Bundesverbandes Deutscher Stiftungen ist sie die reichste und eine der leistungsfähigsten Stiftungen in Deutschland.

Die Besteuerung der Stiftung

Stiftungen sind grundsätzlich unbeschränkt steuerpflichtige Körperschaften. Sie werden von den wesentlichen Steuerarten befreit, wenn sie in selbstloser Weise ausschließlich und unmittelbar gemeinnützige, mildtätige oder kirchliche Zwecke verfolgen und die sonstigen, durch §§ 51–68 der Abgabenordnung vorgeschriebenen Voraussetzungen erfüllen. Andernfalls unterliegen die Vermögensübertragungen der Schenkung- oder Erbschaftsteuer, die Erträge der Körperschaftsteuer, die gewerblichen Einkünfte der Gewerbesteuer. Überlegt der Stifter also die Einbringung seines Vermögens in eine nicht steuerbegünstigte Stiftung, zum Beispiel eine Familienstiftung, so muss er berücksichtigen, dass die Zuwendung an die Stiftung ein unbeschränkt schenkungsteuerpflichtiger Vorgang ist, der sich nach der Steuerklasse des verwandtschaftlich entferntesten Destinatärs richtet. Wird die Stiftung aufgehoben, so unterliegt der Rückfluss des Vermögens ebenso der Schenkungsteuer bei den Empfängern, und dazwischen hat das Erbschaftsteuergesetz alle dreißig Jahre die Besteuerung des Vermögens von Familienstiftungen vorgesehen. Damit wäre im Regelfall ein so hoher Substanzverlust verbunden, dass die steuerpflichtige Stiftung

57

als Unternehmensträger-Modell ausscheidet. Sie kann nur in die Überlegungen einbezogen werden, wenn das einzubringende Vermögen relativ gering ist, die gesetzlichen Merkmale der Familienstiftung nicht vorliegen und die Erträge im Wesentlichen gewerblicher Natur sind.

Anders verhält es sich bei Übertragungen auf steuerbegünstigte Stiftungen, also im Regelfall auf solche, die selbstlos gemeinnützige oder mildtätige Zwecke verfolgen. Die Vermögensübertragung auf solche Stiftungen unterliegt nicht der Schenkung- oder Erbschaftsteuer, die Einkünfte bleiben körperschaftsteuerfrei, solange sie nicht aus einem wirtschaftlichen Geschäftsbetrieb der Stiftung fließen.

> Die Einkünfte steuerbegünstigter Stiftungen bleiben körperschaftsteuerfrei, solange sie nicht aus einem wirtschaftlichen Geschäftsbetrieb der Stiftung fließen.

Damit ist die wesentliche Grenze der Ertragsbesteuerung steuerbegünstigter Stiftungen gezogen. Als wirtschaftlicher Geschäftsbetrieb gilt die Führung eines einzelkaufmännischen Gewerbes, die Beteiligung an Personenhandelsgesellschaften und die sonstigen selbstständigen nachhaltigen Tätigkeiten der Stiftung, durch die Einnahmen oder andere wirtschaftliche Vorteile erzielt werden und die über den Rahmen einer Vermögensverwaltung hinausgehen.

Die vermögensverwaltende Tätigkeit der Stiftung wie das Halten von Beteiligungen an Kapitalgesellschaften, die Vermietung von Immobilien und die Kapitalanlage in Wertpapieren ist ertragsteuerbefreit, vorausgesetzt, die Stiftung verhält sich wie ein Vermögensverwalter. Das ist nicht der Fall, wenn durch die Mehrheitsbeteiligung entscheidender Einfluss auf die laufende Geschäftsführung ausgeübt wird oder durch häufigen An- und Verkauf von Immobilien oder Wertpapieren die Stiftung zu erkennen gibt, dass sie den Ertrag nicht aus der Fruchtziehung durch Mieten, Zinsen oder Dividenden sucht, sondern aus der Umschichtung ihres Vermögens. Verfolgt die Stiftung solche wirtschaftlichen Zwecke in erster Linie, gibt also die eigenwirtschaftliche Tätigkeit der Stiftung das wirtschaftliche Gepräge, so werden auch die ansonsten steuerbegünstigten Erträge von der Besteuerung erfasst.

Die für den Stifter maßgebliche Folgerung wird sein, dass er in seiner neuen Rolle als leitendes Stiftungsorgan nicht mehr in das Unternehmen hineinregieren oder Geschäftsführungsfunktionen in Stiftung und Unternehmen gleichzeitig wahrnehmen darf. Er lernt aber auch, dass es sinnvoll ist, sein einzelkaufmännisches oder Personenhandelsgewerbe vor Einbringung in die Stiftung in eine Kapitalgesellschaft umzuwandeln. Die dann durch die Stiftung erzielten Dividendeneinkünfte unterliegen nicht mehr der Ertragsbesteuerung. Allerdings ist die Kehrseite der Besteuerung die Pflicht zur ausschließlichen und unmittelbaren Verwendung der Stiftungserträge für die in der Satzung festgelegten steuerbegünstigten Zwecke.

Es stünde schlecht um die Symbiose zwischen Stiftung, Stifter und Unternehmen, wenn das Prinzip der ausschließlichen und unmittelbaren Mittelverwendung keine Ausnahmen dulden würde.

Das einmal eingebrachte Vermögen ist endgültig der Verfügungsgewalt des Stifters entzogen. Es dient nur noch der Verwirklichung des Stiftungszwecks.

Solche Ausnahmen finden sich insbesondere in § 58 der Abgabenordnung. So darf auch die steuerbegünstigte Stiftung selbst dann, wenn es bei ihrer Errichtung nicht ausdrücklich vorbehalten wurde, ihrem Stifter und seinen nächsten Angehörigen in angemessener Weise Unterhalt gewähren, ihre Gräber pflegen und ihr Andenken ehren, wenn der Aufwand hierfür nicht mehr als ein Drittel des Einkommens der Stiftung ausmacht. Die Stiftung darf sich ohne Beschränkung auf eine Einkommens- oder Vermögensquote auch an Kapitalerhöhungen der Gesellschaft beteiligen oder hierfür Rücklagen bilden, soweit dies der Erhaltung der Beteiligungsquote dient und wirtschaftlich begründbar ist.

Und wer als Unternehmer befürchtet, dass die von Gemeinnützigkeitsinteressen gesteuerte Stiftung bei Ausübung ihres Stimmrechts die Kapital- und Unternehmensinteressen des Betriebes vernachlässigen könnte, sollte dem

Beispiel von Robert Bosch folgen und auf eine unternehmerisch orientierte Verwaltungsgesellschaft einen geringen Anteil, verbunden mit der Stimmrechtsmehrheit, übertragen. Der Stiftung ist es grundsätzlich nicht verwehrt, aus ihrem Vermögen der Unternehmensgesellschaft Darlehen zu gewähren. Allerdings müssen dabei hinsichtlich Zinsen und Sicherheiten marktübliche Konditionen eingehalten werden. Ansonsten bleibt die Grundregel, dass der Stifter für sich und seine Familie keine Vermögensvorteile aus der Stiftung ziehen darf, außer den bei der Errichtung der Stiftung vorbehaltenen. Das gilt auch für den Fall der Aufhebung der Stiftung.

Auch die Begünstigung anderer Personen durch zweckfremde Ausgaben oder unverhältnismäßig hohe Vergütungen ist der Stiftung verwehrt. Das einmal eingebrachte Vermögen ist endgültig der Verfügungsgewalt des Stifters entzogen. Es dient nur noch der Verwirklichung des Stiftungszwecks, für den die Erträge zeitnah, das heißt im Jahr des Zuflusses oder im Folgejahr verwendet werden müssen.

Steuervorteile des Stifters

Entscheidend für den Entschluss, unternehmerisches Vermögen auf eine Stiftung zu übertragen, dürfte der erbschaftsteuerfreie Übergang sein. Bewertungsabschläge und Tarifbegünstigungen, wie sie in letzter Zeit für Betriebsvermögen eingeführt worden sind, können nicht die grundsätzliche Steuerlast beseitigen, der der Unternehmensübergang auf die nächste Generation unterliegt. Weder der Unternehmer, dessen Vermögen in der Regel größtenteils im Unternehmen investiert ist, noch erst recht sein möglicher Nachfolger können die Steuer aus Privatmitteln aufbringen, und die Entnahme oder Ausschüttung betrieblicher Mittel schwächt das Unternehmen.

In dieser Situation bietet sich die Lösung an, das Vermögen in der Stiftungshand zu neutralisieren und zu perpetuieren und die vorgesehene Nachfolge auf das Management zu beschränken.

Dabei verliert der Unternehmer nicht aus den Augen, dass jede Vermögensübertragung auf eine steuerbegünstigte Stiftung im einkommensteuerlichen Sinn eine Spende nach § 10 b des Einkommensteuergesetzes darstellt und somit die persönliche Einkommensteuerlast mindert. Die Grenzen sind durch das Gesetz zur weiteren steuerlichen Förderung von Stiftungen vom Juli 2000 neu festgelegt worden.

Neben den bisherigen Sonderausgabenabzügen sind Zuwendungen in das Vermögen einer steuerbegünstigten Stiftung, die anlässlich ihrer Errichtung gewährt werden, alle zehn Jahre einmal mit bis zu 307 000 Euro als Sonderausgaben abzugsfähig und laufende, nicht mit der Errichtung verbundene Zuwendungen mit jährlich 20 450 Euro. Großspenden ab 25 565 Euro zur Förderung wissenschaftlicher, mildtätiger oder kultureller Zwecke können zur Ausschöpfung des Spendenrahmens ein Jahr zurück- und fünf Jahre vorgetragen werden. Als bisheriger Sonderausgabenabzug bleibt die Quote von fünf Prozent des Gesamtbetrags der Einkünfte oder zwei Promille der Summe aus Umsätzen und Löhnen, für wissenschaftliche, mildtätige und kulturelle Zwecke weitere fünf Prozent.

Entscheidend für den Entschluss, unternehmerisches Vermögen auf eine Stiftung zu übertragen, dürfte der erbschaftsteuerfreie Übergang sein.

Gehört der auf die Stiftung zu übertragende Wert zu einem Betriebsvermögen, so setzt die Zuwendung die Entnahme aus dem Betriebsvermögen voraus. Um eine Besteuerung nach § 6 Abs. 1 Nr. 4 des Einkommensteuergesetzes zu vermeiden, kann der Stifter von dem so genannten Buchwertprivileg Gebrauch machen, das ihm die Entnahme zum Buchwert, also ohne Besteuerung der stillen Reserven gestattet, wenn er unmittelbar nach der Entnahme das Wirtschaftsgut unentgeltlich auf eine steuerbegünstigte Körperschaft, hier die Stiftung, überträgt. Allerdings gilt der Buchwert dann auch als abzugsfähige Zuwendung, nicht der Verkehrswert.

61

Stiftungsrecht und andere Rechtsformen

Wie bereits erwähnt, hat der Unternehmer für die steuerbegünstigte Übertragung und Perpetuierung seines Unternehmens einen hohen Preis zu zahlen:

Das Vermögen gehört künftig nicht mehr ihm, sondern der Stiftung, die nach eigenen Prinzipien handelt. Sie ist „eine mit Rechtsfähigkeit ausgestattete, nicht verbandsmäßig organisierte Einrichtung, die einen vom Stifter bestimmten Zweck mithilfe eines dazu gewidmeten Vermögens dauernd fördern soll" (Urteil BayObLG).

Ihr Vermögen hat die Stiftung durch Übertragung der Unternehmensanteile erhalten, die Rechtsfähigkeit wurde ihr durch staatliche Anerkennung erteilt, der Stiftungszweck und damit der Stifterwille wurden vom Stifter in der Satzung sorgfältig festgelegt. Und nun wacht die Stiftungsaufsicht darüber, dass die Organe, im Normalfall Vorstand und Stiftungsrat, nach Gesetz und Satzung handeln.

Die Befürchtung des Unternehmers, nun säße der Staatskommissar in der Gesellschafterversammlung seiner Firma, ist unbegründet. Stiftungsaufsicht bedeutet Rechtsaufsicht. Diese hat im Wesentlichen darauf zu achten, dass die Stiftung nichts anderes unternimmt, als ihren Zweck zu erfüllen, also dem Stifterwillen gerecht zu werden, und dass die Vermögensverwaltung nicht zum Schaden der Stiftung ausgeübt wird, also eine vermeidbare Vermögensminderung eintritt, wie es zum Beispiel durch spekulative Anlagen und Geschäfte oder durch Begünstigung von Einzelpersonen geschehen könnte. Ansonsten ist das geschäftsführende Stiftungsorgan frei, das Vermögen und somit auch die Unternehmensanteile nach eigenem Ermessen zu verwalten.

Will der Stifter-Unternehmer auch die auf die Rechtsaufsicht beschränkte staatliche Obhut vermeiden, so muss er eine andere Rechtsform für sein Stiftungsvorhaben wählen. Auch hier kann er eine Anleihe beim übervorsichtigen Robert Bosch nehmen, dessen Stiftungsgründung allerdings in einer Zeit stattfand, als die Beschränkung der Stiftungsaufsicht auf die Rechtsaufsicht noch nicht eindeutig war. Die Robert Bosch-Stiftung ist in der Rechtsform einer GmbH errichtet worden. Sie untersteht damit den Regeln des GmbH-Rechts und nicht des Stiftungsrechts. Steuerlich wird sie gleich der Stiftung behandelt, mit Ausnahme der stiftungsspezifischen Sonderausgabenabzüge für den Stifter oder Spender. Das Gleiche gilt für die Stiftung-AG oder den Stiftung-e.V. Der Name „Stiftung" ist insoweit nicht geschützt.

Schlussbemerkung

Sicherlich ist die Stiftung nicht für jede Unternehmensnachfolge geeignet. Befinden sich aber Unternehmer und Unternehmen in einer Situation, in der eine Schwächung des Unternehmens durch schenkung- oder erbschaftsteuerliche Lasten vermieden und die Nachfolge gesichert werden soll und es dem Unternehmer am Herzen liegt, das im Unternehmen angesammelte Vermögen nicht nur zum eigenen, sondern auch zum Nutzen der Gesellschaft und damit zum eigentlichen gesamtökonomischen Zweck einzusetzen, dann ist die Überführung des unternehmerischen Vermögens in eine Stiftung die richtige Lösung.

Literatur   Köcher, Renate: Das Bild des Unternehmens in der deutschen Öffentlichkeit, in: Eberhard von Kuenheim Stiftung (Hg.), Die Werte des Unternehmens, Stuttgart/Leipzig 2002, S. 27–44.

Dr. **Peter Lex**, Studium der Rechtswissenschaften (Promotion). Seit 1969 Rechtsanwalt in München; seit 1974 Partner der Kanzlei Dr. Mohren & Partner in München, Geschäftsführender Gesellschafter der Dr. Mohren Treuhand GmbH Wirtschaftsprüfungsgesellschaft. Schwerpunkt: Stiftungs-, Unternehmens- und Steuerrecht. Vorsitzender des Bayerischen Landesausschusses für das Stiftungswesen, Mitglied des Beirats des Bundesverbandes Deutscher Stiftungen, zahlreiche Organfunktionen in Stiftungen.

Vermögen für einen gemeinnützigen Zweck zu stiften ist ehrenhaft; wirkungsvoll ist eine Stiftung aber erst, wenn sie erfolgreich gemanagt wird. Unternehmerisches Handeln im Dritten Sektor kann viel vom ökonomischen Denken der Wirtschaft lernen. Hans-Dieter Weger zeigt, dass „Gemeinwohl-Unternehmen" und „Gemeinwohl-Unternehmer" effizienz-, marketing- und zukunftsorientiert arbeiten, um das Ziel einer nachhaltigen gesellschaftlichen Wertschöpfung zu erreichen.

Unternehmerische Stifter

Wie man Gemeinnutz managen kann

Hans-Dieter Weger

Stiften heißt, Vermögen für die dauerhafte Verfolgung eines vom Stifter in der Stiftungssatzung vorgegebenen Zwecks zu widmen. In aller Regel beinhaltet der Zweck die Förderung des Gemeinwohls. Dabei kann es sich nicht – und es sollte dies auch nicht – um eine „bloße Abgabe" von Vermögen handeln. Stiften eröffnet nämlich die Chance zu gestaltendem Denken und „unternehmerischem" Handeln, das weit über den Tod des Stifters hinausreicht. Dadurch ergeben sich Gestaltungsmöglichkeiten, die in unserer Gesellschaft weder Wirtschaftsunternehmen noch staatliche Einrichtungen besitzen. Diese Möglichkeiten gilt es zu erkennen und zu nutzen.

Am Beginn steht die Erkenntnis, dass eine gemeinnützige und deswegen steuerbegünstigte Stiftung Verantwortung übernimmt, wenn sie mit ihrer Arbeit die Gesellschaft und die Lebenslage von Menschen fördert. Das Gemeinwohl zu steigern setzt voraus, Notlagen und Defizite zu erkennen, nachhaltig Gemeinnutz stiftende Handlungskonzepte zu entwickeln und diese Konzepte anschließend auch effektiv und effizient umzusetzen. Das ökonomische Prinzip gilt auch für das Handeln gemeinnütziger Stiftungen. Führung und Management sind unabdingbare Voraussetzungen für den Erfolg einer Stiftung, der letztlich mit einer gesellschaftlichen Wertschöpfung zu definieren ist.

„Gemeinwohl-Unternehmer" und „Gemeinwohl-Unternehmen"

Der Begriff „Unternehmer" kennzeichnet im allgemeinen Sprachgebrauch eine Person, die ein Geschäft gründet. Dabei denkt man zunächst an den Bereich der Wirtschaft. Der im Französischen übliche Begriff „Entrepreneur"– eine Person, die etwas zielorientiert „unternimmt" – bringt Aspekte wie aktives Handeln, Wagemut und Übernahme eines Risikos ins Spiel. Nach Jean Baptiste Say schafft der Unternehmer Wert, indem er seine wirtschaftlichen Ressourcen zu höherer Produktivität und somit zu einem höheren Ertrag führt. Joseph Schumpeter spricht von dem Unternehmer als einem Innovator und einem Motor der wirtschaftlichen Entwicklung und des wirtschaftlichen Wandels, einem „Pionierunternehmer" mit der Funktion, Produktionsverfahren zu reformieren oder gar zu revolutionieren. Peter F. Drucker unterstreicht bei der Beschreibung des Unternehmertums das Erkennen und Nutzen von Chancen, die sich aus wirtschaftlichem, technologischem und gesellschaftlichem Wandel ergeben. Seiner Auffassung nach setzt Unternehmertum jedoch nicht zwangsläufig die Gründung eines Unternehmens voraus, sondern es geht um die entsprechende Grundeinstellung. Zudem beschränkt Drucker Unternehmertum nicht auf gewinnorientierte Wirtschaftsunternehmen; er verbindet auch Non-Profit-Organisationen mit einer gesellschaftlichen Mission – so auch Stiftungen – mit Unternehmertum.

Schließt man sich den hier skizzierten Überlegungen an, so kann der Stifter, der mit einer von ihm errichteten Stiftung eine bestimmte auf die gesellschaftliche Entwicklung und auf die Lebenslage von Menschen bezogene Mission verfolgen will, als „Gemeinwohl-Unternehmer" bezeichnet werden. In diesem Sinne verstandene Stifter sind Personen, die weder für den Staat noch für privaten Gewinn arbeiten, sondern sich „unternehmerisch" für das öffentliche Wohl, das Gemeinwohl, einsetzen. Sie vereinen unternehmerische Einstellungen und Fertigkeiten mit gesellschaftsbezogenem Missionsgeist; sie setzen ihre unternehmerischen Fähigkeiten ein, um soziale Werte zu schaffen und zu vergrößern. Sie suchen und ergreifen Chancen, „investieren" mit ihrem Vermögen in das Gemeinwohl, schaffen und nutzen „soziales Kapital" und wirken mit Kreativität, Innovationskraft und Engagement zugunsten einer höheren gesell-

65

schaftlichen Wohlfahrt und schließlich einer verbesserten Lebenslage von Menschen.

Eine gemeinnützige Stiftung kann also als ein „Gemeinwohl-Unternehmen" beschrieben werden. Als solches ist die Stiftung – ähnlich wie ein Wirtschaftsunternehmen, allerdings mit anderen Sachzielen zur Deckung gesellschaftlicher „Bedarfe" – mit Beschaffungs- und Förder-„Märkten" verbunden, eingebettet in eine globale Umwelt mit ihren spezifischen politisch-rechtlichen, ökonomischen, sozio-kulturellen, technologischen und ökologischen Gegebenheiten und Entwicklungen.

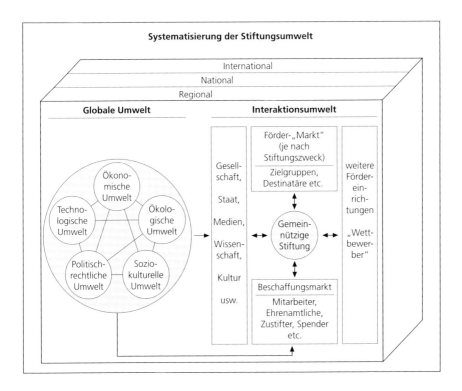

Auch eine Stiftung kombiniert „Produktions"-Faktoren, um ihre Leistungs- und Förderbeiträge zur gesellschaftlichen Wohlfahrt zu erbringen. Dazu muss sie auf den jeweiligen Beschaffungsmärkten kompetente und motivierte Führungskräfte und Mitarbeiter suchen, gleich ob diese ehrenamtlich mitwirken oder angestellt werden. Sie muss an Kapital- und Immobilienmärkten mit ihrem Vermögen Erträge erwirtschaften, gegebenenfalls mittels Fundraising Spenden und weiteres Vermögen einwerben und für ihre Geschäftsstelle oder im Rahmen von Förderaktivitäten Räume anmieten.

Ihre Leistungen zugunsten des Gemeinwohls erbringt die Stiftung gemäß ihrem satzungsmäßigen Zweck auf einem Förder-„Markt" mit bestimmten Eigenschaften, Befindlichkeiten und Zielgruppen – sei es gezielt zur Unterstützung sozialer, kultureller oder wissenschaftlicher Organisationen bei innovativen Vorhaben („Förderstiftung"), sei es durch eigene, selbst konzipierte Projekte zur Hilfe bedürftiger Menschen, zur Ausbildung Jugendlicher, zum Schutz der Natur

Stifter sind Personen, die weder für den Staat noch für privaten Gewinn arbeiten, sondern sich „unternehmerisch" für das öffentliche Wohl, das Gemeinwohl, einsetzen.

oder durch stiftungseigene Krankenhäuser, Pflegeheime oder Museen („operativ tätige Stiftung"). Immer häufiger steht dabei eine Stiftung im „Wettbewerb" mit anderen gemeinnützigen und staatlichen Einrichtungen, in einem Ideenwettbewerb um die beste Art der Förderung und Leistungserbringung.

Die Stiftung als Gemeinwohl-Unternehmen ist demnach grundsätzlich – wie ein Wirtschaftsunternehmen – als ein zielgerichtetes, produktives und soziales System zu verstehen, allerdings gibt es vor allem aufgrund der Beachtung des Prinzips der Gemeinnützigkeit und hinsichtlich der Gestaltungsmöglichkeiten Unterschiede. Eine besondere Chance zur nachhaltigen Gestaltung liegt für eine Stiftung allein schon darin, dass sie – im Gegensatz zu Wirtschaftsunternehmen mit ihren in der Regel kurzen Rechenperioden und auch zur Politik mit ihren vier- oder fünfjährigen Wahlrhythmen – die bessere Voraussetzung hat, systematisch und jeweils zeitlich richtig bemessen auf die dauerhafte Lösung eines gesellschaftlichen Problems beziehungsweise auf einen nachhaltigen Beitrag zur Bewältigung gesellschaftsrelevanter Aufgaben hinzuwirken – und zwar sowohl durch eigene Programm- und Projektarbeit als auch mittels fördernder Unterstützung von weiterführenden Initiativen Dritter. Eine Stiftung kann – vor allem im Vergleich zu staatlichen Instanzen und Einrichtungen – unbüro-

67

kratisch und spontan, doch erfolgsorientiert handeln, ohne lange Abstimmungsprozesse mit der Folge von Effektivität und Effizienz verringernden Kompromissen tätig werden und dabei eigene Maßstäbe und Qualitätskriterien für Innovationen anlegen; denn sie ist nicht an die Interessen anderer gebunden. Mit der daraus resultierenden Erfolgs- und Wirkungschance ist zugleich ein hohes Verantwortungsbewusstsein des unternehmerischen Stifters und der unternehmerisch agierenden Stiftungsverantwortlichen verbunden.

Entwicklungsphasen einer Stiftung – mit unternehmerischem Gestaltungswillen

Bei der Errichtung und dem Aufbau einer Stiftung können grob vier Entwicklungsphasen unterschieden werden: die Prüfungsphase, die Errichtungsphase, die Startphase und die Normalphase.

In der Prüfungsphase stehen vor allem Fragen nach der „Richtigkeit" einer bestimmten Mission – bezogen auf die gesellschaftliche Wertschöpfung – sowie nach dem geeigneten Instrument, mit dem diese Mission dauerhaft und nachhaltig verfolgt werden kann, im Zentrum der konzeptionellen Überlegungen. Gerade Menschen mit Gestaltungswillen entwickeln mit hoher Motivation, starkem Engagement und Kreativität sowie aufgrund ihrer persönlichen Erfahrungen solche Missionen im Sinne langfristiger Zielvorstellungen. Sie prüfen aber auch, ob die Verfolgung ihrer jeweiligen Mission tatsächlich gesellschaftlichen Nutzen stiften und ob dieser Nutzen mit den vorhandenen Ressourcen sowie der Rechts- und Organisationsform „Stiftung" auch wirkungsvoll auf Dauer erzielt werden kann.

Die dann folgende Errichtungsphase umfasst alle Tätigkeiten, die mit der Gestaltung der Stiftung bis hin zu ihrer staatlichen Anerkennung als selbstständige, rechtsfähige Stiftung zusammenhängen. Ein auf die erfolgreiche Verfolgung seiner Mission – sie findet im Stiftungszweck ihren Ausdruck – bedachter Stifter wird sich mit den verschiedenen Arbeitsweisen einer Stiftung, mit den möglichen Formen der Aufbau- und Ablauforganisation sowie mit Aspekten der für das beabsichtigte Stiftungshandeln erforderlichen (Handlungs-)Kompetenz befassen. Die dabei gewonnenen Erkenntnisse und Vorstellungen fließen in die konkrete Abfassung des Stiftungsgeschäfts und der Stiftungssatzung ein. Spätestens ab dieser Phase entscheidet der Stifter über konkrete Vorgaben und Regelungen, die zur Erreichung und Sicherung der Qualität und Effizienz des zukünftigen Stiftungshandelns dienen.

In der Startphase nimmt die Stiftung – wie vom Stifter vorgegeben – ihre Arbeit auf. Der gestaltungsbestrebte Stifter bringt sich dabei – so zeigt es die Stiftungspraxis – in aller Regel selbst mit ein, was er zuvor schon bei der Satzungsformulierung bedacht haben muss. In dieser Phase übt die Stiftung ihre Arbeitsabläufe sowie ihre Förder- und Projekttätigkeiten ein. Vor allem der mitwirkende Stifter will erkennen, wie effektiv und effizient die Stiftung ihren Stiftungszweck – also seine ihn zur Stiftungserrichtung bewegende Mission – verfolgt. Aus diesem Grund wird die Stiftung nach etwa drei bis fünf Jahren ihre

Dieser wirtschaftlich existenzbedrohende Wettbewerb fehlt bei gemeinnützigen Stiftungen weitgehend, und damit auch der durch diesen bedingte Leistungsdruck.

Leistungsfähigkeit und Wirtschaftlichkeit überprüfen sowie ihre Stärken und Schwächen als Gesamtorganisation bewerten. Diese Selbst-Überprüfung lässt erkennen, ob sich die Stiftung auf dem gewünschten Kurs befindet oder ob Korrekturen zur Erhöhung der Wirksamkeit der Stiftung notwendig sind. Mancher Stifter macht vom Ergebnis dieser Prüfung seine Entscheidung zur weiteren Aufstockung des Stiftungsvermögens abhängig.

Nach erfolgter Selbst-Überprüfung und eventuellen Verbesserungsmaßnahmen beginnt die Normalphase der Stiftungsarbeit. Der Stifter als Gemeinwohl-Unternehmer – und mit ihm die Stiftung als Gemeinwohl-Unternehmen – gewinnt an Erfahrung auf den „Märkten" der Stiftung, an Sensibilität im Umgang mit ihren jeweiligen Zielgruppen und an Sicherheit beim Erbringen ihrer Leistungen. Unternehmerische Stifter geben sich jedoch selten mit dem Erreichten zufrieden, sie drängen auf eine ständige Verbesserung der Stiftungsleistungen und veranlassen weitere Selbst-Überprüfungen in regelmäßigen Zeitabständen von etwa fünf Jahren. Gerade in Zeiten sich rasch verändernder Umwelt mit neu-

69

en Gegebenheiten, Befindlichkeiten und Herausforderungen bedarf es der ständigen Überprüfung sowohl des Förderprogramms und Leistungsangebots als auch der Arbeitsprozesse der Stiftung.

Voraussetzungen erfolgreichen Stiftungshandelns

Wie für Wirtschaftsunternehmen gibt es auch für Stiftungen Voraussetzungen für erfolgreiches Handeln im Sinne einer konsequenten Verfolgung der „Mission" der Stiftung. Zunächst muss die Mission von jedem, der in der Stiftung an der Bestimmung und Erfüllung der strategischen und operativen Ziele und der konkreten Aufgaben mitwirkt, aufgenommen, verstanden und verfolgt werden. Sie findet in einem „Leitbild" der Stiftung besonderen Ausdruck, das jedem an der Stiftungstätigkeit Beteiligten Orientierung gibt.

Bei der Entwicklung eigener Programme und Projekte wie auch bei der Entscheidung über Förderungen von Vorhaben anderer Personen und Einrichtungen im Sinne der Stiftungsmission prüfen erfolgsorientierte Stiftungsverantwortliche, ob für diese Programme, Projekte und Vorhaben überhaupt ein gesellschaftlicher Bedarf besteht. Dazu bedienen sie sich vielfältiger Methoden wie Beobachtungen, Analysen, Recherchen oder Expertengespräche. Verantwortliche vornehmlich operativ tätiger Stiftungen entwickeln dann selbst Programme und Projekte, um festgestellte Defizite beseitigen zu helfen und angestrebte Entwicklungen voranzutreiben. Verantwortliche für auf Antragstellung fördernde Stiftungen legen mit entsprechenden Erkenntnissen ihre konkreten Förderprogramme fest. Mit der Bedarfsermittlung und -bewertung beginnt das eigentliche gestalterische, produktive Handeln der Stiftung.

Stiftungen müssen – als weitere Voraussetzung für ihren Erfolg – die Kompetenz haben, als gesellschaftlich nützlich erachtete Programme, Projekte und Förderungen auf den Weg und zur beabsichtigten Wirkung zu bringen. Dazu gehören vor allem die Fach-, Methoden- und Sozialkompetenz sowohl der einzelnen an der Stiftungstätigkeit Beteiligten als auch der Stiftung als Organisation. Die Frage nach der Kompetenz stellt sich nicht nur den operativ tätigen Stiftungen, sondern gleichermaßen den auf Antrag fördernden Stiftungen. Denn diese müssen prüfen, ob die einen Förderantrag stellende Person oder Einrichtung tatsächlich die Kompetenz hat, das auch von der Stiftung als gesellschaftlich „richtig" erkannte Ziel effektiv und effizient verfolgen zu können, und ob die dafür einzusetzenden finanziellen Mittel richtig bemessen sind.

Während hinsichtlich der Notwendigkeit der Bedarfsermittlung und der Verfügbarkeit von Kompetenz zur nachhaltigen Verfolgung der Stiftungsmission keine grundsätzlichen Unterschiede zwischen Wirtschaftsunternehmen und Stiftungen als Gemeinwohl-Unternehmen bestehen, lässt sich dies hinsichtlich einer weiteren entscheidenden Erfolgsvoraussetzung nicht sagen, nämlich der Motivation und der (inneren) Verpflichtung der beteiligten Personen zur Verfolgung der Unternehmens- beziehungsweise Stiftungsziele. Der wirtschaftliche, existenzbedrohende Wettbewerb auf globalen Märkten übt auf alle Führungskräfte und Mitarbeiter der gewinnorientierten Wirtschaftsunternehmen Druck zur Leistung aus, er „zwingt" zu effektivem und effizientem Entscheiden und Handeln. Dieser wirtschaftlich existenzbedrohende Wettbewerb fehlt bei gemeinnützigen Stiftungen – außer bei bestimmten Anstaltsträgerstiftungen – weitgehend, und damit auch der durch diesen bedingte Leistungsdruck. Für den Erfolg gemeinnütziger Stiftungen sind deshalb die Wertvorstellungen und Einstellungen aller ihrer Mitwirkenden besonders maßgeblich – ihre (intrinsische) Motivation, ihr Überzeugtsein und ihre Begeisterung, etwas Richtiges und Sinnvolles für die Menschen und die Gesellschaft zu tun. Diese Einstellung „treibt" zu erfolgsorientierter Gemeinwohlförderung im Sinne der Stiftungsmission.

Führung und Management einer Stiftung haben diesen „Muss"-Voraussetzungen für erfolgreiches Stiftungshandeln in der alltäglichen Stiftungspraxis zu entsprechen.

Führung (in) der Stiftung

Führung lässt sich wohl am besten definieren als das „Ausüben von positivem Einfluss" im Sinne der Stiftungsmission. Dabei geht es einmal darum, Prioritäten zu setzen und Schwerpunkte festzulegen, damit die Möglichkeiten der Stiftung auf das Wesentliche und Machbare konzentriert und dadurch ihre Wirkungschancen erhöht werden. Die Führung muss lang- und mittelfristige Ziele definieren und für deren Realisierung in Programmen, Projekten und Förderungen Sorge tragen.

Zum anderen heißt führen auch, die Absichten und Ziele der Stiftung so zu vermitteln, dass sie von allen an der Stiftungstätigkeit Beteiligten, vornehmlich den ehrenamtlichen und angestellten Mitarbeitern, akzeptiert und schließlich in eigener Verantwortung mitgetragen werden. Gerade der Mitarbeiterführung kommt in Stiftungen eine entscheidende Bedeutung zu. Auch in Stiftungen als Gemeinwohl-Unternehmen sind die ehrenamtlichen und angestellten Mitarbeiter der zentrale Erfolgsfaktor. Deshalb muss die Mitarbeiterführung heute – unter anderem wegen des vollzogenen Wertewandels in unserer Gesellschaft und des wachsenden Verständnisses der Mitarbeiter als „Wissensarbeiter" – daraufhin angelegt sein, Problemlösungen unter deren Einbeziehung und Mitwirkung zu erarbeiten, was in einer vertrauensfördernden Zusammenarbeit von Führungskräften und Mitarbeitern erfolgt. Eine so vollzogene Mitarbeiterführung setzt bei den Mitarbeitern Potenziale frei, fördert die Entfaltung vorhandener Kompetenzen und löst schließlich Motivationsschübe aus. Diese Art der Mitarbeiterführung ist Ausdruck einer leistungsorientierten, partnerschaftlichen Stiftungskultur und entwickelt bei allen Mitwirkenden das Verständnis von einer Stiftung als einer „lernenden Organisation".

Dem Gesagten entspricht ein kooperativer Führungsstil – verbunden mit dem Prinzip der Delegation von Aufgaben, Kompetenzen (Zuständigkeiten) und Verantwortung sowie mit dem Prinzip der Führung nach vereinbarten Zielen.

Management gemeinnütziger Stiftungen

Management ist mehr als verwalten! Management bedeutet, die gestaltende Funktion der Stiftung zur gesellschaftsbezogenen Wertschöpfung im Sinne der Stiftungsmission aktiv wahrzunehmen. Es fußt auf gestalterischem Wollen, ist auf das Nutzen von Chancen ausgerichtet und erfolgsorientiert auf die Zweckverwirklichung hin angelegt. Es erfordert bewusstes Entscheiden über den Einsatz aller zur Zweckverfolgung und Zielerreichung geeigneten Möglichkeiten und Mittel der Stiftung. Management bestimmt in hohem Maß die Leistungsfähigkeit, die Produktivität und die Innovationskraft der Stiftung.

Der Erfolg des Stiftungsmanagements selbst bestimmt sich entscheidend aus ihrer Effektivitäts- und Effizienzorientierung, ihrer Marketingorientierung und ihrer Zukunftsorientierung. Das heißt: Eine gemeinnützige Stiftung als Gemeinwohl-Unternehmen wird letztlich an der Qualität und den Wirkungen ihrer Tätigkeit und an der Wirtschaftlichkeit ihrer gesamten Leistungserbringung – wenn dies häufig auch sehr schwierig ist – gemessen. Eine Stiftung muss sich zudem bewusst mit der Gestaltung aller ihrer Beziehungen mit der Umwelt befassen, beginnend vom Erkennen von „Marktlücken" und Bedarfsituationen über das Bestimmen von Zielen und Zielgruppen für ihr künftiges, bedarfdeckendes Handeln, eine zielgruppengerechte Projekt- und Fördertätigkeit bis hin zur Informations- und Öffentlichkeitsarbeit sowie dem Aufbau einer spezifischen Corporate Identity. Eine vor allem auf gesellschaftliche Innovationen bedachte Stiftung wird sich mit Entwicklungstrends und -tendenzen auf ihren eigenen Aufgabenfeldern befassen, entstehende Probleme frühzeitig erkennen wollen und mittels vorausschauendem Denken, rechtzeitigem Planen und gestaltendem Handeln operativ oder fördernd tätig werden.

Vom Stiftungsmanagement im umfassenden Sinne müssen – strategisch wie operativ – die folgenden Aufgaben erfüllt werden:

• Ziele im Rahmen der Stiftungsmission setzen und deren Realisierung planen, durchführen und kontrollieren,

• Ressourcen aus der Umwelt beschaffen und diese im Sinne optimaler Zielerreichung „zusammenfügen",

• Leistungen bestimmen, gestalten und in die Gesellschaft zielgruppenorientiert einbringen,

• Strukturen gestalten, Aufgaben, Kompetenzen und Verantwortung verteilen (Aufbauorganisation) sowie Verfahren zur Aufgabenerfüllung und Zusammenarbeit entwickeln und diese koordinieren (Ablauforganisation).

73

Alle Aufgaben einer Stiftung zur Erhaltung und Anlage ihres Vermögens, zur Verwirklichung ihres Stiftungszwecks mittels Programmen, Projekten und Förderungen sowie gegebenenfalls zur Einwerbung weiterer finanzieller Mittel bedürfen eines gekonnten Managements – und zwar mit den folgenden Methoden:

Zielbestimmung, Planung einschließlich Budgetierung, Realisierung, Evaluation und Controlling. Gerade die beiden letztgenannten Methoden werden von „unternehmerischen" Stiftern und auf Effektivität und Effizienz bedachten Stiftungen angewandt; denn in Stiftungen ist die Leistungsfähigkeit und Wirtschaftlichkeit stärker gefährdet als in Wirtschaftsunternehmen, die einem starken Konkurrenzdruck auf ihren Märkten unterliegen.

Evaluation vermag die Qualität der Stiftungsleistungen, vor allem die Zweckerfüllung im Sinne des Gemeinwohls, sowie die der Leistungserbringung zu sichern und zu verbessern. So stellen sich beispielsweise Fragen wie: „Entspricht das Projektziel einer bestmöglichen Lösung des gegebenen gesellschaftlichen Problems?" (Zielebene), „Tragen die ausgewählten und eingesetzten Maßnahmen zum Erreichen des Projektziels bei?" (Realisierungsebene) und „In welchem Maße sind die Projektziele tatsächlich erreicht worden und wie bestimmt sich das Verhältnis von ‚Input' und ‚Output'?" (Ergebnisebene). Evaluation beinhaltet eine Dimension des Lernens sowohl für die einzelnen beteiligten Personen als auch für die Stiftung als Organisation selbst.

Controlling, aufbauend auf einem sachgerechten Planungssystem und einem aussagefähigen Berichtswesen, schafft zusätzliche Transparenz und ein Mehr an Professionalität hinsichtlich Führung und Management. Es stützt die Zielfindungs- und Entscheidungsprozesse, begleitet die Förder- und Projektrealisierungsphase und reichert die Überprüfungsvorgänge an. Es sorgt dafür, rechtzeitig Stärken und Schwächen der Stiftung zu erkennen, und dient grundsätzlich zur Steuerung der Stiftung als Ganzes wie auch einzelner Fördertätigkeiten und Projekte. Schließlich geht es darum, das Richtige zu tun (strategische Ausrichtung und geplante Vorgehensweise), aber auch darum, das Richtige richtig zu tun (praktische, operative Umsetzung).

Langfristige Erfolgsfaktoren

Dauerhaft erfolgreiche Wirtschaftsunternehmen besitzen eine ausgeprägte Corporate Identity, verstehen sich als eine lernende Organisation und entwickeln eine spezifische Unternehmenskultur. Gleiches lässt sich auch für dauerhaft erfolgreiche Gemeinwohl-Unternehmen, die Stiftungen, sagen.

Die „Corporate Identity" kann als die Summe aller Aktivitäten verstanden werden, mit denen sich eine Stiftung der Öffentlichkeit, ihren Zielgruppen (Außenwirkung) und den für sie Tätigen (Binnenwirkung) darstellt. Sie umfasst das
„Corporate Behaviour", die in sich schlüssige und widerspruchsfreie Ausrichtung aller Verhaltensweisen der für die Stiftung Tätigen im Außen- und Innen-
verhältnis, die „Corporate Communications", die strategisch orientierte Kommunikation nach außen und nach innen, und das „Corporate Design", das
visuelle Erscheinungsbild nach außen und nach innen durch eine einheitliche,
unverwechselbare Gestaltung aller Kommunikationsmittel und Präsentations-
weisen. Gegenstand einer Corporate-Identity-Strategie ist es, ein aus dem

Die Fähigkeit, eine lernende Organisation zu sein, ist ein maßgeblicher Teilaspekt der Stiftungskultur.

Selbstverständnis der Stiftung hergeleitetes, eigenständiges Image aufzubauen, das zur Profilierung, zur Stärkung der Glaubwürdigkeit und zur
Legitimation gegenüber der Stiftungsumwelt dient (Außenwirkung). Nicht we-
nige Stiftungen entwickeln heute ein identitätsorientiertes Marketingverständ-
nis; sie profilieren sich als eine „Marke", die Außenstehenden Orientierung
gibt und ihnen hilft, Vertrauen zur Stiftung aufzubauen. Gegenstand einer
Corporate-Identity-Strategie ist es darüber hinaus, die Motivation der für sie
Tätigen zu erhöhen und deren Identifikation mit der Stiftung zu steigern
(Binnenwirkung).

Dem Verständnis einer Stiftung, eine lernende Organisation zu sein, kommt eine immer größere Bedeutung zu. Wechselnde, rasch steigende und immer komplexere Anforderungen aus der Stiftungsumwelt verlangen von einer Stiftung
ein hohes Maß an Flexibilität und von allen an der Stiftungsarbeit Mitwirkenden
ein hohes Maß an Lernbereitschaft und Lernfähigkeit. Eine Stiftung muss aufgrund der rasanten gesellschaftlichen Entwicklungen und der sich vollziehen-
den Wissensexplosion ständig prüfen, ob ihre Ziele und Förderprogramme, ihre
Strukturen, ihre Entscheidungs- und Problemlösungsprozesse, ihre Hand-
lungskompetenz sowie ihre Führungs- und Managementmethoden noch dem

75

Effektivitäts- und Effizienzanspruch genügen oder ob sie Veränderungen vornehmen muss. Eine Stiftung als lernende Organisation nimmt Zukunftsprobleme vorweg, betrachtet genau Entwicklungen in ihrer Umwelt und strebt bewusst nach Verbesserung und nach sachgerechten Problemlösungen. Dabei honoriert sie Ideenreichtum, Kreativität und Initiative. Auch ist eine erfolgsorientierte, innovative Stiftung heute mehr denn je gehalten, eine Lernatmosphäre zu schaffen, die ihre ehren- wie hauptamtlichen Mitwirkenden ermutigt, sich zu informieren und ständig weiterzubilden. Die Fähigkeit, eine lernende Organisation zu sein, ist ein maßgeblicher Teilaspekt der Stiftungskultur.

> Die Stiftungskultur wird letztlich zur „Quelle" von Motivation und Engagement für eine verantwortungsvolle, erfolgreiche Stiftungstätigkeit und der Identifikation aller an ihr Beteiligten mit der Stiftung.

Die Entwicklung einer spezifischen gemeinwohl- und leistungsorientierten Stiftungskultur – mit dem Anspruch auf Glaubwürdigkeit – muss als eine außerordentlich wichtige und den Stiftungserfolg nachhaltig bestimmende Führungsaufgabe angesehen werden. Die „Stiftungskultur" (im Sinne einer Unternehmenskultur) als „sichtbar gelebtes Wertesystem" bezieht sich grundsätzlich auf die normativen Vorstellungen der Stiftung – beispielsweise die Mission, das Leitbild, Richtlinien, Arbeits- und Förderprinzipien – , die individuellen Wertvorstellungen, Einstellungen und Verhaltensweisen aller an der Stiftungsarbeit Mitwirkenden sowie die konkrete Gestaltung der Arbeits- und Förderbedingungen wie auch der Projekt- und Förderarbeit. Bausteine einer zukunftsorientierten Stiftungskultur sind unter anderem das Erarbeiten eines Leitbildes, das Diskutieren von Zielen, das Ansprechen und Lösen von Problemen und Konflikten, ein umfassendes Informieren und offenes Kommunizieren, ständiges Weiterbilden und Qualifizieren, kooperatives Führen und partnerschaftliches Zusammenarbeiten sowie das Schaffen von Problembewusstsein und die Bereitschaft zu Veränderungen. Die Stiftungskultur wird letztlich zur „Quelle" von Motivation und Engagement für eine verantwortungsvolle, erfolgreiche

Stiftungstätigkeit und der Identifikation aller an ihr Beteiligten mit der Stiftung.

Unternehmer und Unternehmen als unternehmerische Stifter

Unternehmerische Stifter werden, wie die derzeitige Diskussion über die Notwendigkeit bürgerschaftlichen Engagements in unserer Gesellschaft und der auch aus Finanzgründen bedingte Rückzug des Staates aus manchen öffentlichen Aufgaben zeigen, immer wichtiger – und es werden immer mehr. Es sind dies häufig Unternehmer und Persönlichkeiten aus Wirtschaft und Gesellschaft, die nach langjähriger erfolgreicher beruflicher Tätigkeit eine gemeinnützige Stiftung errichten, um ihre Kenntnisse, ihre Erfahrungen und ihr Urteilsvermögen zur Förderung des Gemeinwohls einzusetzen. Dabei sollte nicht das in eine Gemeinwohlbindung eingebrachte Stiftungsvermögen im Vordergrund einer Wertschätzung stehen, sondern vielmehr die Bereitschaft und Fähigkeit, eine für die Entwicklung der Gesellschaft förderliche Mission wirkungsvoll und nachhaltig umsetzen zu können. Diese Stifter und Stiftungsverantwortlichen sind es gewohnt, ideenreich, kreativ und erfolgsorientiert zu arbeiten und mit dem Anspruch auf Effektivität und Effizienz zu managen – so auch die von ihnen errichtete Stiftung und/oder die von ihnen verantwortete Stiftungsarbeit. Nicht zuletzt tragen sie in der Stiftungswelt dazu bei, Stiftungen als Gemeinwohl-Unternehmen zu verstehen.

In diese Betrachtung sind auch Wirtschaftsunternehmen einzubeziehen, die als juristische Personen gemeinnützige Stiftungen im Rahmen ihrer „Corporate-Citizenship-Strategie" gründen. Die Errichtung einer gemeinnützigen Stiftung begreifen sie als besonderen Ausdruck ihres gesellschaftlichen Verantwortungsbewusstseins und ihres bürgerschaftlichen Engagements, schließlich auch als ein spezifisches Instrument zur Kommunikation mit der Öffentlichkeit. Bemerkenswert ist es auch, dass die Bürger (auch als Kunden) heute zunehmend von den Unternehmen erwarten, sich für die Erfüllung von Gemeinschaftsaufgaben einzusetzen und entsprechend eigene Leistungsbeiträge einzubringen. Dabei geht es ihnen nicht nur um das Einbringen finanzieller Mittel,

77

sondern auch von Know-how und erfolgssteigernden Führungs- und Managementmethoden.

Erfolgreiche Unternehmer und Unternehmen haben grundsätzlich die Kompetenz und die Professionalität für eine aktive, unternehmerisch geprägte Stiftungsarbeit. Sie verstehen die Stiftung als ein „Instrument" zur Gestaltung der gesellschaftlichen Entwicklung sowie zur Wahrnehmung von Chancen zur Erhöhung der gesellschaftlichen Wohlfahrt und zur Verbesserung der Lebenslage von Menschen. Dabei beachten sie, wenn sie auch als Stifter erfolgreich sein wollen, die spezifischen Eigenschaften und Befindlichkeiten ihres jeweiligen „Stiftungsmarktes". Sie wissen, dass Stiftungen nicht die gesamte Gesellschaft reformieren können – sie wissen aber auch, dass Stiftungen Anstöße für Entwicklungen geben, Innovationskräfte freisetzen und – gegebenenfalls in Kooperation mit anderen unternehmerisch geprägten Stiftungen – Motor des Wandels sein können.

Literatur   Dees, J. Gregory: Was bedeutet „soziales Unternehmertum", in: Eberhard von Kuenheim Stiftung (Hg.), Die Werte des Unternehmens, Stuttgart/Leipzig 2002, S. 94–107. – Drucker, Peter F.: Managing the Non-Profit Organization. Principles and Practices, New York 1990. – Schwarz, Peter: Management in Nonprofit Organisationen, Bern/Stuttgart/Wien 1992.

Dr. **Hans-Dieter Weger**, Studium der Volkswirtschaftslehre (sozialwissenschaftlicher Richtung), wissenschaftlicher Mitarbeiter an der Wirtschafts- und Sozialwissenschaftlichen Fakultät der Universität Köln und im Forschungsinstitut für Sozialpolitik (Promotion). Leiter der Abteilung Volkswirtschaft im Gesamtverband der Deutschen Versicherungswirtschaft e.V.; 1979–1990 Geschäftsführer der Bertelsmann Stiftung; seit 1990 geschäftsführender Gesellschafter des Instituts für Stiftungsberatung – Dr. H.-D. Weger & Partner GmbH; seit 1998 Herausgeber der Fachzeitschrift „Stiftung&Sponsoring".

Dass unternehmerische Kompetenz für das Management von Stiftungen von entscheidender Bedeutung ist, steht für Michael Göring außer Frage – schließlich gibt es auch im Stiftungsmarkt Wettbewerber, von denen man sich abgrenzen will, Zielgruppen, die man erreichen möchte, und Projekte, die professionell begleitet werden müssen. Führen und Managen können aber sehr unterschiedlich aussehen. Die ZEIT-Stiftung Ebelin und Gerd Bucerius ist ein Beispiel, das im folgenden Beitrag hinsichtlich Strategie, Projekte und Imagearbeit porträtiert wird.

Non-Profit-Unternehmen

Die ZEIT-Stiftung Ebelin und Gerd Bucerius

Michael Göring

Unternehmer gehen häufig stiften. Alfried Krupp tat es, Kurt A. Körber, Gerd Bucerius, Heinz Nixdorf, Klaus Tschira, Reinhard Mohn, und davor schon Jacob, Anton und Marcus Fugger, John Rockefeller, Alfred Nobel oder Robert Bosch. Unternehmer unterstützen Kunst und Kultur am Standort ihres Unternehmens. Sie rufen – oft gemeinsam mit öffentlichen Institutionen – Projekte ins Leben, die dem Gemeinwohl dienen. Sie gründen Stiftungen zur Förderung von Bildung und Wissenschaft, Naturschutz und sozialen Aktivitäten, nicht nur um die Gesellschaft dort zu unterstützen, wo dem Staat die Mittel fehlen. Viel häufiger soll die Stiftung dem Staat vorangehen, Zeichen setzen und Modelle verwirklichen. Hat sich ein Unternehmer einmal zu gemeinnützigem Engagement entschlossen, drängt sich die Frage auf, wie sich dieser Gemeinsinn organisieren kann beziehungsweise lässt, um möglichst nachhaltig, unabhängig und effizient die Gesellschaft zu gestalten und zu prägen.

Die Gründung einer gemeinnützigen Stiftung ist ein erprobtes, bewährtes, ein klassisches Instrument für privates Engagement in der Gesellschaft. Die ältesten bis heute existierenden Stiftungen gehen auf das 10. Jahrhundert zurück. Stiftungen sind eine offenbar langlebige, zugleich auch hoch angesehene Einrichtung, mit der ein privat erwirtschaftetes Vermögen erhalten bleibt, wobei die

Erträge aus dem gestifteten Vermögen dem Gemeinwohl zugeführt werden. Die Errichtung einer Stiftung ist somit eine ideale Möglichkeit, privates Vermögen – noch zu Lebzeiten oder von Todes wegen – in öffentliches Wohl umzuwandeln. Dass unternehmerische Kompetenz für die Führung und das Management einer Stiftung eine zentrale Rolle spielt und Voraussetzung für eine erfolgreiche Stiftungsarbeit ist, steht außer Zweifel. Die Frage ist, wie Stiftungen unternehmerische Grundsätze in die Praxis umsetzen, um ihre Aufgaben und Vorhaben effizient und zielorientiert zu erfüllen. Die ZEIT-Stiftung Ebelin und Gerd Bucerius versucht auf ihre Weise, eine Reihe von unternehmerischen Prinzipien in ihre Projektarbeit und in die gesamte Stiftungsarbeit einfließen zu lassen. Dies soll im Folgenden erläutert werden.

Allgemeines zu Stiftungen

Stiftungen sind im Grunde sehr einfache Gebilde. Zu ihrer Errichtung gehören: ein Stifter; ein Vermögen; ein Stiftungszweck; eine Erklärung zur Stiftungsgründung; eine Stiftungssatzung; ein Vorstand und die „behördliche" Anerkennung. Immer mehr Bürgerinnen und Bürger unseres Landes, Unternehmer und Unternehmen haben sich in den vergangenen Jahren aufgemacht, dieses Rezept zu befolgen, und haben eine Stiftung gegründet: Im Jahr 2001 allein wurden 829 Stiftungen, im Jahr 2002 789 neu errichtet (Bundesverband Deutscher Stiftungen, Mai 2003). Insgesamt zählen wir zur Zeit gut 11 300 Stiftungen in Deutschland.

Der Begriff „Stiftung" ist nicht geschützt. Grundsätzlich aber versteht man unter einer Stiftung eine Einrichtung, die auf einen Kapitalstock oder anderweitiges Vermögen zurückgreift und die Erträge aus diesem Kapital gemeinnützigen Zwecken zuführt, die der Stifter selbst festgesetzt hat. Wesentlich ist, dass das Vermögen erhalten bleibt. Nur die Zinsen und Erträge aus dem Kapital werden zur Erfüllung des Stiftungszwecks herangezogen. Sind die Zwecke der Stiftung als gemeinnützig vom Finanzamt anerkannt, was für 95 Prozent der deutschen Stiftungen zutrifft, so ist die Stiftung von den allermeisten Steuerbelastungen befreit: Es entfallen die Körperschaftsteuer, Kapitalertragsteuer, Gewerbesteuer, Schenkungsteuer, Erbschaftsteuer. Die Stiftungsaufsicht, die den Bundesländern obliegt, wacht darüber, dass die Stiftung tatsächlich die Dinge fördert, für die der Stifter sie einstmals eingerichtet hat. Das örtliche Finanzamt wacht darüber, dass die steuerbefreiten Mittel auch tatsächlich gemeinnützig eingesetzt werden.

Wir unterscheiden rechtlich zwischen den voll rechtsfähigen Stiftungen bürgerlichen Rechts (zwei Drittel aller Stiftungen) und den Stiftungen des öffentlichen Rechts (sechs Prozent), kirchlichen Stiftungen (fünf Prozent) und nicht rechtsfähigen Stiftungen. Weiter wird zwischen den Stiftungen unterschieden, die auf ein Stiftungskapital zurückgreifen, und denen, die eine Anstalt (beispielsweise ein Krankenhaus, ein Altersheim, eine Sonderschule, eine Behindertenwerkstatt) unterhalten. Letztere nennt man auch Anstaltsträgerstiftung.

Ranking nach Vermögen und Erträgen

Die im Jahr 2001 bestehenden 10 503 Kapitalstiftungen und Anstaltsträgerstiftungen in Deutschland kamen zusammen im gleichen Jahr auf ein Gesamtvermögen von knapp 52 Milliarden Euro (Schätzung des Bundesverbandes Deutscher Stiftungen). Die Gesamtausgaben aller Stiftungen beliefen sich auf rund 16 Milliarden Euro. Anhand dieser Zahlen ist das große Gewicht der Anstaltsträgerstiftungen erkennbar, denn die 16 Milliarden Euro stellen natürlich keineswegs eine etwaige 30-prozentige Rendite auf das eingesetzte Vermögen dar. Die Anstaltsträgerstiftungen geben vielmehr Geld aus, das sie nicht aus eigenem Vermögen, sondern aus Mitteln der Krankenkassen, Sozialämter, Rentenversicherungen, Pflegeversicherungen und Spenden erhalten und eingesetzt haben. Die Anstaltsträgerstiftungen sind für die weitere Betrachtung weniger interessant, auch wenn das eine oder andere Unternehmen einmal eine Kooperation mit einer Anstaltsträgerstiftung wie zum Beispiel die Stiftung Alsterdorf in Hamburg, die Stiftung Rehabilitation Heidelberg oder die Stiftung Bethel bei Bielefeld ins Auge fassen mag. Im Folgenden steht vielmehr die privat errichtete Kapitalstiftung im Vordergrund der weiteren Überlegungen.

Das Vermögen aller Kapitalstiftungen (das heißt errichtet von natürlichen Personen und Unternehmen) beträgt knapp 16 Milliarden Euro, die Gesamtausgaben dieser Stiftungen belaufen sich auf rund eine Milliarde Euro. Bei den

81

Vermögensangaben ist zu beachten, dass hier in der Regel Buchwerte angegeben werden.

Die größten Stiftungen des bürgerlichen Rechts nach Vermögen – außer Anstaltsträgerstiftungen – sind (nach Bundesverband Deutscher Stiftungen, Mai 2003):

Stiftungen	Vermögen 2001 in Euro
Robert Bosch Stiftung GmbH	5,08 Mrd.
VolkswagenStiftung	2,06 Mrd.
Deutsche Bundesstiftung Umwelt	1,67 Mrd.
Gemeinnützige Hertie-Stiftung	862 Mio.
Klaus Tschira Stiftung gGmbH	816 Mio.
Bertelsmann Stiftung	679 Mio.
Körber-Stiftung	534 Mio.
ZEIT-Stiftung Ebelin und Gerd Bucerius	ohne Angabe
Alfried Krupp von Bohlen und Halbach-Stiftung	452 Mio.
Wilhelm Sander Stiftung	281 Mio.

Die zehn größten Stiftungen nach Jahresertrag 2001 sind:

Stiftungen	Jahresertrag 2001 in Euro
VolkswagenStiftung	115 Mio.
Deutsche Bundesstiftung Umwelt	76 Mio.
Bertelsmann Stiftung	55 Mio.
Robert Bosch Stiftung GmbH	47 Mio.
Gemeinnützige Hertie-Stiftung	35 Mio.
Alfried Krupp von Bohlen und Halbach-Stiftung	31 Mio.
Software AG-Stiftung	26 Mio.
ZEIT-Stiftung Ebelin und Gerd Bucerius	22 Mio.
Dr. Mildred Scheel Stiftung	16 Mio.
Fritz Thyssen Stiftung	14 Mio.

Diese Zahlen fallen im Vergleich zu den Stiftungen in den USA eher moderat aus. Bill Gates hat zum Beispiel zu Beginn des Jahres 2001 das Kapital seiner Stiftung, der Bill & Melinda Gates-Foundation in New York, schlichtweg um fünf Milliarden Dollar auf 21,8 Milliarden Dollar erhöht! Nach der amerikanischen Rechtsordnung für Stiftungen müssen 5 Prozent des Kapitals pro Jahr ausgeschüttet werden, das sind 1 090 Millionen Dollar pro Jahr allein bei der Gates-Stiftung! In Deutschland ist die Relation von Vermögen zu jährlicher Ausschüttung nicht wie in den USA prozentual quantifiziert. Hierzulande werden die ordentlichen Erträge ausgeschüttet. Bei einigen der in der Aufstellung genannten Stiftungen bildet ein Unternehmen den Grundstock des Kapitals. So etwa bei der Robert Bosch Stiftung oder bei der Körber-Stiftung. In diesen Fällen hängt die Ausschüttung von den Gewinnen des Unternehmens ab. Bei der Alfried Krupp von Bohlen und Halbach-Stiftung wird das Kapital aus rund 20 Prozent aller Aktien des Thyssen Krupp Konzerns gebildet, die von der Stiftung gehalten werden. Das Kapital der Klaus Tschira Stiftung besteht aus sieben Millionen SAP-Aktien. Alle diese Stiftungen verfügen aber auch über eigene Rückstellungen und Rücklagen aus den Erträgen, die sie in der Regel am Kapitalmarkt anlegen.

Die ZEIT-Stiftung beispielsweise verfügt über Erträge aus einem noch gut dreiprozentigen Anteil an der Bertelsmann AG, den sie vom Stifter Gerd Bucerius geerbt hat, sowie aus knapp 500 Millionen Euro, die die Stiftung in sieben geschlossenen Fonds angelegt hat. Hierbei schüttet die Stiftung nur die ordentlichen Erträge aus. Außerordentliche Erträge verbleiben in den Fonds. Umschichtungsgewinne werden nicht ausgeschüttet. Der Sicherheitsaspekt steht eindeutig im Vordergrund. So gern Stiftungen auch sonst mutig Innovationen fördern und unkonventionelle Vorhaben unterstützen, so sind sie bei der Geldanlage konservativ. Noch vor neun Jahren war die Geldanlage in mündelsicheren Papieren vorzunehmen, heute ist der Gesetzgeber weniger kleinlich und gestattet Stiftungen eine dynamischere Geldanlage.

Was geschieht nun mit diesen doch ganz beachtlichen Summen? Die Schwerpunkte der Förderung liegen eindeutig auf vier Feldern: im sozialen Bereich, auf dem Gebiet von Wissenschaft und Forschung, Bildung und Erziehung, Kunst und

Kultur. Sehr viele privat errichtete Stiftungen fördern mehrere Ziele gleichzeitig. So auch die ZEIT-Stiftung, bei der gegenwärtig die Wissenschaftsförderung rund 71 Prozent ihrer gesamten Förderleistung ausmacht, gefolgt von Kultur- und Bildungsförderung.

Gemeinwohl effizient managen

Stiftungen stehen nicht im harten Wettkampf um Kunden, sie müssen sich nicht mühsam auf dem Markt der Wettbewerber behaupten, sie haben, sofern es sich um Kapitalstiftungen handelt, aufgrund des vorhandenen Stiftungskapitals keine Furcht, Bankrott gehen zu können, und solange sie ihren Stiftungsauftrag gemäß der Satzung erfüllen und nicht gegen die Abgabenordnung verstoßen, werden weder Stiftungsaufsicht noch Finanzamt zur Bedrohung. Das ist eine gute Arbeitsgrundlage. Dennoch: Wer für größere Stiftungen arbeitet, merkt bald, dass auch Non-Profit-Unternehmen Unternehmen sind. Auch hier entwickelt sich ein Markt, der zwar nicht nach dem klassischen Gesetz von Angebot und Nachfrage mit der Gefahr des endgültigen „Knock-out" funktioniert, der aber Effizienz des Mitteleinsatzes, Marketing, Controlling, Nutzenmaximierung und Evaluation sehr wohl zu seinen Instrumentarien zählt. Wenn auch der Konkurs einer Stiftung sehr unwahrscheinlich und damit die Angst vor der Pleite entsprechend gering ist, so gibt es dennoch genügend Anreize für das Stiftungsmanagement, so umsichtig und effizient wie möglich zu arbeiten und sich an unternehmerischen Grundsätzen zu orientieren, das heißt möglichst eine Nutzenmaximierung des Einsatzes zu erzielen.

Bei Investitionen in das Gemeinwohl müssen die Ergebnisse stimmen und Aufwand und Resultat in einem günstigen Verhältnis stehen. Schließlich verwaltet die Stiftung ein Vermögen, das jemand anders, nämlich der Stifter, erwirtschaftet hat. Die Erträge dieses Vermögens sollen dem Stiftungszweck dienen, nicht der Verwaltung. Stiftungen sind die wohl eleganteste Form, privat erwirtschaftetes Vermögen nachhaltig für gemeinnützige Zwecke einzusetzen, ohne das Vermögen selbst zu schmälern. Wie befriedigend, wenn eine Stiftung durch eigene effiziente Arbeit für diesen Gedanken werben kann, um möglichst viele Vermögende von dieser Form der langfristigen Geldanlage zu überzeugen.

Wenn man Stiftungen zudem als wesentliches Element der Bürgergesellschaft versteht, die die öffentliche Hand, den Staat, auf seine Kernaufgaben reduzieren möchte, dann folgt daraus:

• Die Stiftung muss sich an ihren Projekten messen lassen, sie braucht also das Geld, um etwas zu tun, um etwas zu initiieren, um nachhaltig auf gesellschaftliche Prozesse einzuwirken, um etwas zu verändern.

• Die Stiftung will das, was sie tut, besser erledigen, das heißt schneller, mit weniger Verwaltungskosten, ohne Beamtenhierarchie erledigen; besser als die öffentliche Hand, will sie doch zeigen, zu welchen Dingen die Bürgergesellschaft fähig ist.

• Die Arbeit der Stiftung muss sich messen lassen, darf nicht im Bewusstsein geschehen, die Bewertung sei sekundär.

Welche Auswirkungen haben diese Überlegungen auf das Stiftungsmanagement? Stiftungen sollten sich klar umrissene Ziele setzen und diese Ziele kommunizieren. Das kann als Erstes ein übergeordnetes Ziel sein, etwa ein „Mission Statement". Für uns in der ZEIT-Stiftung lautet ein derartiges übergeordnetes Gesamtziel: „Die Stiftung will durch innovative, nachhaltig wirksame Vorhaben dazu beitragen, dass sich in Deutschland eine lebendige Zivilgesellschaft entwickelt."

Grundlage für die Zielformulierung sind natürlich die Stiftungszwecke, die die Satzung vorgibt: Förderung der Wissenschaft, der Kunst und Kultur und des Bildungswesens. Auf der Grundlage der satzungsmäßig festgelegten Stiftungszwecke und in Anbetracht des übergeordneten Leitgedankens („Mission Statement") der Stiftung müssen nun konkrete Schwerpunkte der Förderung vereinbart werden.

Beispiel Wissenschaftsförderung: Schwerpunkte, Strategien und Programmentwicklung

Anhand der Wissenschaftsförderung lässt sich die Schwerpunktbildung in der ZEIT-Stiftung verdeutlichen: Konzentration auf Rechtswissenschaften, Begabtenförderung und Unterstützung privater Elemente im Hochschulbereich und seit dem Jahr 2000 – Geschichtswissenschaften und Global Governance. Hat man einmal diese konkreten Ziele formuliert, muss man sich fragen, welche Strategien zu einer möglichst erfolgreichen Umsetzung dieser Ziele führen können. Für die ZEIT-Stiftung lauten diese Strategien wie folgt:

- operativ und fördernd arbeiten
- weniger Tagungen und Kongresse anbieten, stattdessen stärker modellhafte Projekte realisieren
- vom Prinzip der reinen Anschubfinanzierung absehen
- eigene Einrichtungen gründen
- offen sein für „Public Private Partnerships"
- eigenes Know-how der Stiftung aufbauen (neben der Generalisten-Tätigkeit)
- Controlling
- größere Fördervorhaben evaluieren
- „Lessons learnt" ernst nehmen und in geschicktes Wissensmanagement einfließen lassen.

Die Arbeit einer Stiftung zeigt sich im Stiftungsprogramm und damit in den konkreten Projekten, die die Stiftung umsetzt: Programm und Projekte sind für die Außenwirkung entscheidend. An ihren Projekten wird die Stiftung erkannt und gemessen. Programmentwicklung gehört daher zur zentralen Aufgabe. Ohne Klarheit über das mittelfristige Programm der Stiftung kann man nicht zu den richtigen Projekten kommen. Wenn das Programm deutlich ist, entwickeln die Mitarbeiter die geeigneten entsprechenden Projekte, und dann erreichen die Stiftung auch die „richtigen" Anträge von Dritten, statt dass man wahllos eingegangene Förderbitten durcharbeiten muss.

Bei der Programmentwicklung also sollte sich die Stiftung an den Zielen, den Schwerpunkten ihrer Arbeit orientieren. Das steht ihr als lösungsorientiertes Unternehmen ungleich besser an, als wenn sie wie ein Gemischtwarenladen von vielen ganz verschiedenen Dingen stets nur kleine Portionen anbieten kann. Eine konzeptionelle Arbeit, die ihre Ziele formuliert, lohnt sich: „If you don't know your way, everybody will take you there." Dieser Merksatz trifft sehr genau auf die Stiftungsarbeit zu. Auch wenn rein fördernde Stiftungen auf Anträge reagieren, sollten sie von ihrem Selbstverständnis her als Akteure der Zivilgesellschaft auftreten. Das heißt die fördernde Stiftung kanalisiert über ihr

Programm, welche Anträge erwünscht und welche unerwünscht sind. Sie erreicht so die Konzentration auf einige Schwerpunkte, kann in diesen Schwerpunkten eigene Kompetenz erwerben und wird dann zum Partner des Antragstellers.

Für die operativ tätige Stiftung ist ein konzeptionelles Vorgehen wie hier beschrieben geradezu lebensnotwendig. Wenn eine Stiftung selbst eine Analyse in bestimmten gesellschaftlichen Bereichen durchführt, Defizite definiert und dann

Stiftungen sind die wohl eleganteste Form, privat erwirtschaftetes Vermögen nachhaltig für gemeinnützige Zwecke einzusetzen, ohne das Vermögen selbst zu schmälern.

eigene Projekte entwickelt und umsetzt, um diese Defizite zu beheben, muss sie nach Schwerpunkten vorgehen und Synergien zwischen einzelnen Vorhaben nutzen.

Im Bereich der Wissenschaftsförderung hat die ZEIT-Stiftung entlang der bereits genannten Schwerpunkte und Ziele – Rechtswissenschaft, Begabtenförderung, Unterstützung privater Elemente im Hochschulbereich sowie Geschichtswissenschaften und Global Governance – in den vergangenen vier Jahren folgendes Förderprogramm entwickelt:

- Juraprogramm mit der Studienstiftung (Stipendien für hochbegabte Doktoranden)
- rechtswissenschaftliche Stiftungslehrstühle an ausgewählten staatlichen Hochschulen
- Bucerius Law School (als Flaggschiff)
- Institut für Stiftungsrecht
- Kooperation mit dem Hamburger Max-Planck-Institut für ausländisches und internationales Privatrecht bei Tagungen und einem Austauschprogramm mit israelischen Nachwuchsjuristen aus Tel Aviv
- Moot Court-Wettbewerbe
- Doktorandenprogramm Geschichtswissenschaften „Deutschland und seine osteuropäischen Nachbarn"

- Sommerakademie für Historiker „Europäische Gedächtnisorte"
- Stiftungsprofessur für europäische Geschichte in Oxford
- Bucerius Summer School on Global Governance
- Governance Workshops

Durch Konzentration beziehungsweise Cluster lassen sich Projekte gut verbinden, es entstehen eigene Kompetenzfelder und – so hoffen wir – langfristig ein eigenständiges Profil der ZEIT-Stiftung, das auch außerhalb von Hamburg erkannt wird.

Als wichtiges Instrument der Programmentwicklung haben sich Klausursitzungen mit den akademischen Mitarbeitern der Stiftung herausgestellt. Sie finden halbjährlich statt. Die dabei entwickelten Überlegungen werden dem Kuratorium vorgestellt und in Expertengesprächen, Hearings etc. vertieft. Wenn es um die Gründung eigener Einrichtungen – wie der Bucerius Law School und dem Bucerius Kunst Forum – geht, lassen wir von einer Unternehmensberatung eine „Feasibility Study" und einen „Business Plan" erstellen. Das so weit vorbereitete Projekt muss vom Kuratorium gebilligt werden. Der Projektverlauf wird im Tätigkeitsbericht dokumentiert.

Controlling und Evaluation

Schon bei der Planung des Vorhabens werden Controlling und Evaluation bedacht. Über die Kerndaten informiert ein monatliches Berichtswesen, bei den Großprojekten, die wir selbst initiiert haben, wird quartalsweise berichtet. Unsere Finanzabteilung leistet das Controlling. Für die ausgelagerten, als GmbHs geführten Großvorhaben bedeutet das, dass die Stiftung ein neutrales Controlling außerhalb der Geschäftsführung der Töchter vorhält. Fragen der Evaluation und der geeigneten Kriterien beschäftigen uns derzeit sehr. Die Stiftung hat im Jahr 2002 ein großes Museumsprojekt, das Ende 1999 abgeschlossen wurde, international begutachten lassen. Die ersten Stiftungslehrstühle stehen in diesem Jahr zur Evaluation an. Selbstverständlich wird die Leistungsfähigkeit auch der Bucerius Law School von Außenstehenden nach Abschluss der Aufbauphase begutachtet.

Förderpolitik – weg von der Anschubfinanzierung, hin zu eigenen Projekten

Die ZEIT-Stiftung hat sich bei ihrer Förderpolitik von der ansonsten so beliebten Vorstellung der Anschubfinanzierung gelöst. Die Bucerius Law School und das Bucerius Kunst Forum sind eindeutig Dauerverpflichtungen. Beide Einrichtungen sind selbstständige gemeinnützige GmbHs. Die Stiftung ist alleiniger Gesellschafter, sie überwacht zudem über den Aufsichtsrat die Geschäfte ihrer Töchter.

Auf diese Weise kann die Bucerius Law School selbstständig auftreten, was nicht nur das Management motiviert, sondern auch die Verantwortlichkeiten deutlich staffelt. Zudem kann die Bucerius Law School um Drittmittel werben, was die ZEIT-Stiftung als klassische Kapitalstiftung nicht tut. Die GmbH ließe darüber hinaus auch die Möglichkeit zu, einen weiteren Gesellschafter an Bord zu nehmen, falls das einmal opportun erscheint.

Das Bucerius Kunst Forum ist die zweite Tochter. Das Forum wurde im Oktober 2002 eröffnet. Das Organisationsmodell mit ausgegründeten GmbHs ermöglicht es, die eigentliche Stiftung klein zu halten. Wie eine Holding erledigt sie das Kerngeschäft, betreibt die – in der Wirtschaft würde man sagen – Konzernentwicklung, kontrolliert die Töchter, sorgt für den gemeinsamen Auftritt und versucht, den Namen ZEIT-Stiftung und Bucerius als „Brand Name" für Qualitätsprodukte zu etablieren. Dies kommt gerade den Töchtern zugute, die ja unmittelbar am Markt agieren (Bucerius Law School – Hochschulmarkt; Bucerius Kunst Forum – Wettbewerb mit den anderen Museen in Hamburg). Auch als Non-Profit-Unternehmen sind Stiftungen durchaus Unternehmen. Und dazu gehört auch ein zielgerichtetes Marketing, wobei wir nicht etwa auf eine Konzernmutter schauen, sondern Marketing und Public Relation für uns selbst betreiben. Schließlich ist die ZEIT-Stiftung keine Einrichtung der Wochenzeitung, sondern wurde von Gerd Bucerius aus seinem Privatvermögen ins Leben gerufen.

Image pflegen und Markenzeichen entwickeln

Stiftungen sollten aktiv Imagepflege betreiben, ja geradezu eine Marke aufbauen. Gesellschaftliches Engagement von beispielsweise Unternehmensstiftungen kann sehr gut einhergehen mit den Konzerninteressen. Das Beispiel der

Hypo-Kulturstiftung und der Alfried Krupp von Bohlen und Halbach-Stiftung machen deutlich, dass Kulturförderung und Imagepflege auf das Beste zusammengehen. Die Ausstellungen, die in der Hypo-Kulturstiftung in München seit 1985 laufen, sind ohne Zweifel von hohem Niveau und tragen erheblich zum kulturellen Angebot Münchens bei. Wenn das hohe künstlerische Niveau dazu führt, dass das Image der Hypo-Kulturstiftung vortrefflich ist und dieses sehr gute Image auch auf die Stifterin, die HypoVereinsbank, durchschlägt, so ist das eine begrüßenswerte Symbiose. Für das von der ZEIT-Stiftung gegründete Bucerius Kunst Forum war die Hypo-Kunsthalle in München Vorbild. Und wenn die Krupp-Stiftung in Essen mit 13,2 Mio. Euro den in die Jahre gekommenen Saalbau neben dem Aalto Theater renovieren lässt, um den Essener Philharmonikern endlich Proben- und Aufführungsräume zu ermöglichen, die diesen Namen verdienen, so wird diese Großförderung natürlich dazu dienen, das Image der Krupp-Stiftung weiter zu steigern. Das Image der Krupp-Stiftung wirkt seinerseits wie ein Garant dafür, dass man auch bei diesem Neubau nicht hinter dem hohen Standard des von der gleichen Stiftung renovierten Folkwang-Museums oder der Konzerthalle der Folkwang-Hochschule zurückstehen wird. Und welchen Beitrag die Krupp-Stiftung für das Image des Krupp-Konzerns geleistet hat, wäre eine umfassende wissenschaftliche Untersuchung wert. Imagepflege cui bono? Es profitieren die Kultur, die Allgemeinheit als Kulturteilnehmer, die agierende Stiftung und – im Fall der unternehmensverbundenen Stiftung – natürlich auch das Unternehmen.

Die Funktionen einer Stiftung für Unternehmen, die sich im Rahmen von „Corporate Citizenship" engagieren, gehen jedoch über Imagepflege weit hinaus. Jens Marquardt hat in einem Artikel für die Zeitschrift „Stiftung&Sponsoring" 2001 die PR-Funktionen analysiert, die Unternehmensstiftungen im Gegensatz zu von Privatpersonen gegründeten gemeinnützigen Stiftungen haben:

Informationsfunktion	Die Stiftung informiert qua ihrer eigenen Existenz und ihren Zielen über das unternehmerische Gesellschaftsengagement.
Kontaktfunktion	Die Stiftung baut Kontakte auf und pflegt sie.

Imagefunktion	Welches Bild verkörpert das Unternehmen nach außen und auch nach innen?
Harmonisierungsfunktion	Die Stiftung trägt mit gemeinnützigen Aktivitäten zur Harmonisierung der wirtschaftlichen und sozialen Verhältnisse in der Gesellschaft und in Unternehmen bei.
Marktförderungsfunktion	Die Anerkennung der Stiftungsaktivitäten des Unternehmens fördert dessen Marktstellung im Absatz- und Beschaffungsbereich.
Kontinuitätsfunktion	Einheitlicher Stil in der Verfolgung gemeinnütziger Zwecke (Nachhaltigkeit).
Vorbildfunktion	Vorbild für andere.
Versorgungsfunktion	Wettbewerbe, Stipendien, Doktorandenförderung, Projektförderung.
Stabilisierungsfunktion	Die Stiftung kann die Standfestigkeit des Unternehmens in kritischen Situationen aufgrund der stabilen, guten Beziehungen zu Zielgruppen (zum Beispiel Meinungsführer, Politiker, Journalisten) erhöhen.

Über diese Funktionen hinaus spielt die Presse- und Öffentlichkeitsarbeit für Unternehmensstiftungen, aber auch für die nach unternehmerischen Gesichtspunkten gemanagte Stiftung eine große Rolle. Die Bandbreite umfasst eine ansprechende Darstellung der Stiftung und Stiftungsarbeit über den Internet-Auftritt und Tätigkeitsbericht, regelmäßige Pressemeldungen und -einladungen, gezielte Pressekonferenzen zu einzelnen Projektvorhaben, geschicktes Veranstaltungsmanagement sowie Kontaktpflege zu entsprechenden Medienvertretern. Auf dem anwachsenden Stiftungsmarkt rangeln Stiftungen stärker um öffentliche und mediale Beachtung für ihre Vorhaben. Es geht vor allen Dingen darum, die gemeinnützige Tätigkeit von Stiftungen bekannt zu machen, zu zeigen, was privates Engagement bewirken kann, das Alleinstellungsmerkmal, also „das Besondere" der Stiftungsarbeit herauszustellen, ihr Förderprofil sichtbar und nachvollziehbar zu machen und den innovativen Charakter ihrer Projekte zu verdeutlichen. Wer in die Gesellschaft investiert, sollte öffentliches Interesse für die eigene Projektarbeit wecken. Nicht die Stiftung, sondern die Inhalte ihrer Projekte sollten hierbei im Vordergrund stehen.

> Stiftungen kranken immer wieder daran, dass sie zu wenig Profil haben, dass sie oft wie ein Gemischtwarenladen nahezu alles im Programm führen, was die Satzung hergibt.

Über die Projekte sollte die Stiftung ihr eigenes Profil entwickeln und diese zu Trägern „ihrer" Marke machen. Stiftungen kranken immer wieder daran, dass sie zu wenig Profil haben, dass sie oft wie ein Gemischtwarenladen nahezu alles im Programm führen, was die Satzung hergibt. Das führt zu einem vagen, vernebelten, oft geradezu falschen Bewusstsein von der Leistungskraft von Stiftungen in der Öffentlichkeit. Die ZEIT-Stiftung arbeitet an einem konsequenten Markenbewusstsein. Die „Spitzenmarke" heißt Bucerius:

- Bucerius Law School
- Gerd Bucerius-Stiftungsprofessuren
- Bucerius Jura-Programm
- Gerd Bucerius Förderpreis Junge Presse Osteuropa
- Bucerius Stipendienprogramm für Doktoranden der Geschichtswissenschaft „Deutschland und seine osteuropäischen Nachbarn"
- Bucerius Kunst Forum

Der Name soll für herausragende Stiftungsprojekte stehen und Ausdruck einer hohen Qualität sein. Vor allem für die eigenen Einrichtungen als gemeinnützige GmbHs – hier die Bucerius Law School und das Bucerius Kunst Forum – ist das wichtig. Beide sind am Markt, das heißt sie konkurrieren mit anderen Anbietern, sie brauchen ein klares Profil. Verantwortungsbewusste und qualitativ anspruchsvolle Wissenschafts- oder Kulturförderung sollte mit dem Markenbewusstsein einhergehen; der Hinweis „gefördert von der Stiftung N.N." muss geradezu den Ruf eines Qualitätssiegels haben. So wird Imagepflege auch zu einem internen Instrument der Qualitätssicherung. Stiftungen setzen selbst die Standards, die sie nicht unterbieten dürfen. Das muss so weit führen, dass Förderpartner, die die Anforderungen trotz anders lautender Prognose nicht erfüllen, die Stiftung bei der Projektdurchführung schließlich nicht nennen dürfen. Nur so bieten Stiftungen für einen anspruchsvollen Partner beispielsweise aus der Wirtschaft die richtige Basis, den richtigen Qualitätsstandard, um als Partner für „Corporate Citizenship" ausgewählt zu werden.

Fazit

Modernes Management, verbunden mit Öffentlichkeitsarbeit und Imagepflege, ist für Stiftungen nicht nur tauglich, sondern sollte ein Gebot sein. Auch Non-Profit-Unternehmen sind Unternehmen, die sich auf einem Markt, der Effizienz des Mitteleinsatzes, Marketing, Controlling, Nutzenmaximierung und Evaluation zu seinen Instrumentarien zählt, bewähren müssen. Auch wenn der Konkurs einer Stiftung eher unwahrscheinlich ist, so gibt es genügend Gründe und Anreize für das Stiftungsmanagement – besonders in ertragsschwachen Zeiten –, sich an unternehmerischen Grundsätzen zu orientieren und diese in ihre Projektarbeit einfließen zu lassen. Profitieren werden hiervon in erster Linie die Gesellschaft, die Projektpartner und der faszinierende Stiftungsgedanke selbst.

Prof. Dr. **Michael Göring**, Studium der Anglistik, Geographie, Amerikanistik und Philosophie (Promotion). 1988–1992 Assistent des Generalsekretärs und Leiter der Übersee-Abteilung der Studienstiftung des deutschen Volkes; 1993–1997 Leiter der Förderabteilung der Alfried Krupp von Bohlen und Halbach-Stiftung; seit 1997 Geschäftsführendes Vorstandsmitglied der ZEIT-Stiftung Ebelin und Gerd Bucerius; seit 2000 Honorarprofessur am Institut für Kultur- und Medienmanagement der Hochschule für Musik und Theater in Hamburg. Außerdem unter anderem Vorsitzender des Aufsichtsrates der Bucerius Law School und Beiratsmitglied des Bundesverbandes Deutscher Stiftungen.

Soziale Einrichtungen des Staates und des Dritten Sektors müssten noch viel lernen in Sachen Effizienz, Professionalität und unternehmerischem Handeln – diese Mahnung hört man allerorten. Matthias Schwark ist der Meinung, dass der Hinweis auch umgekehrt gilt: Die Wirtschaft könne mindestens ebenso viel von sozialen Projekten lernen. Am Beispiel der Patriotischen Gesellschaft von 1765 und ihrem Projekt SeitenWechsel® zeigt er, wie Führungskräfte aus der Wirtschaft durch Sozialarbeit auf Zeit nicht nur die Seite, sondern auch die Perspektive wechseln.

Seiten wechseln

Die Patriotische Gesellschaft von 1765 zwischen Wirtschaft und Sozialem

Matthias Schwark

„Wirtschaft ist von Anfang an eine soziale Veranstaltung."
Peter Ulrich

Die Entwicklung der Industriegesellschaft warf schwere soziale Probleme auf – Probleme, die im 19. Jahrhundert durch vielfältiges mäzenatisches und ehrenamtliches Wirken der bürgerlichen Schichten und im Rahmen der entstehenden Arbeiterbewegung kompensiert wurden, bis es zu einer Sozialgesetzgebung kam. Heute tritt in der Informationsgesellschaft erneut eine Lücke zwischen den Modernisierungsgewinnern und -verlierern auf – und auch heute sind Organisationen des Dritten Sektors gefragt, diese Lücke zu überbrücken, das heißt die soziale Kohäsion unserer Gesellschaft zu sichern.

Dieser Aufgabe hat sich die Patriotische Gesellschaft seit ihrer Gründung im Jahre 1765 verschrieben. Ihre Mitglieder sind ehrenamtlich tätig. Das Ehrenamt, heute subsummiert unter dem erweiterten Begriff des „bürgerschaftlichen Engagements", ist seit einigen Jahren erneut in den Fokus öffentlicher Aufmerksamkeit und soziologischer Debatten geraten. So ist es nicht verwunderlich, dass die neuerliche Aufmerksamkeit für dieses Thema auch die Patriotische Gesellschaft stark bewegt und bestätigt.

Hintergrund für die Renaissance des Ehrenamtes ist zunächst die Entwicklung des sozialen Sektors. Die Wohlfahrtspflege gestaltet sich zu einer professionell organisierten Unternehmenslandschaft um. Sozialarbeit wird zu Sozialwirtschaft. Der potenzielle Konflikt zwischen professioneller Sozialarbeit und ehrenamtlicher Betätigung, zum Beispiel in Vereinsvorständen, bricht voll auf und zwingt jede Organisation zur Klärung dieses Verhältnisses.

Zweitens formen sich durch die Individualisierungstendenzen neue – auch gesellschaftlich akzeptierte – Lebensstile aus. Dadurch ändern sich auch die Formen des Engagements; die Nutzer der unbezahlten Arbeit sind gefordert, ihre Methoden der Engagementförderung, der Anerkennungskultur und des Managements ehrenamtlicher Betätigung anzupassen.

Die Forschung belegt, dass den gesellschaftlichen Großorganisationen die Ehrenamtlichen zu fehlen beginnen. Diese wollen heute projekt- und zielorientiert und ohne Mitgliedsbuch Gutes tun, dabei Spaß und Freude haben, Kontakte mit interessanten Menschen – auch bezüglich ihrer beruflichen Zukunft – knüpfen

Heute tritt in der Informationsgesellschaft erneut eine Lücke zwischen den Modernisierungsgewinnern und -verlierern auf – und auch heute sind Organisationen des Dritten Sektors gefragt, diese Lücke zu überbrücken.

können und keine Bevormundung von hauptamtlichen Beschäftigten hinnehmen müssen. Diese berechtigte Haltung schafft für die traditionellen Wohlfahrtsorganisationen große Managementprobleme, wie beispielsweise Rupert Graf Strachwitz und Ernst Kistler deutlich gemacht haben.

Eine dritte Begründung für das heutige Interesse an der Thematik des Engagements liegt darin, dass der Sozialstaat in der gegenwärtigen Form nicht mehr finanzierbar ist. Etatistische und neue regulierende Maßnahmen sind kein Ausweg, weshalb zu Recht gefragt wird, ob nicht eine Aufwertung des Engagements der Bürgerinnen und Bürger Defizite mindern helfen könnte.

Neben der Aufwertung des selbstlosen individuellen Einsatzes einzelner Bürgerinnen und Bürger wird von Forschung und Organisationen des Dritten Sektors eine Neuorientierung des Stiftungswesens und vor allem die tatkräftige Rolle der Unternehmen im Rahmen einer „Corporate Social Responsibility" eingefordert. Während früher Mäzenatentum und Engagement der Unternehmer eher im Verborgenen, gleichsam selbstverständlich geschahen, stellt sich heute stärker die Legitimationsfrage unternehmerischen Handelns. Corporate Citizenship wird damit zu einer strategischen Aufgabe für Unternehmensführungen. In diesem Feld des Engagements gesellschaftlicher Akteure ist eine Neujustierung des Verhältnisses von Unternehmen und Wohlfahrtsbereich nötig. Auch dies ist ein altes Thema für die Patriotische Gesellschaft von 1765.

Das Wirken der „Stadtfreunde"

In der Aufklärungszeit entstanden in Europa zahlreiche Gesellschaften, die gemeinwohlorientiert für Reformen und Verbesserungen eintraten. In Hamburg gründete sich 1765 nach dem Vorbild der in London einige Jahre zuvor entstandenen „Royal Society of Manufacturing and Arts" die „Hamburgische Gesellschaft zur Beförderung der Manufacturen, Künste und nützlichen Gewerbe – Patriotische Gesellschaft von 1765". „Patriot" meinte zur Entstehungszeit der Gesellschaft einfach „Stadtfreund". Mitglieder waren Kaufleute, Senatoren, Ärzte, Architekten, Professoren, also Menschen aus dem aufgeklärten, wohlhabenden Bürgertum. Sie fragten nicht, was Stadt und Regierung für die einzelnen Bewohner leisten sollten, sondern überlegten, was umgekehrt sie selbst für ihre Stadt bewirken könnten. Gründungsmitglieder waren zum Beispiel der Arzt Johann Albert Reimarus, der Mathematikprofessor und Chef der Handlungsakademie Johann Georg Büsch sowie Ernst Georg Sonnin, Erbauer des „Michel", der bekanntesten Kirche Hamburgs und bis heute ihr Wahrzeichen.

Das Logo der Gesellschaft zeigt einen Bienenstock und das Motto „Emolumento Publico", übersetzt etwa: „zu Nutz und Frommen der Allgemeinheit".

Die Gesellschaft betrieb eine moderne Sozialfürsorge – zu einer Zeit, als es noch keinerlei staatliche Sozialpolitik gab. Viele gemeinnützige Einrichtungen wie Säuglings- und Milchküchen, Waschhäuser und Badeanstalten, Waisenhäuser und öffentliche Bücherhallen gehen auf die Anregung der Ge-

sellschaft zurück. Sie förderte auch den Kartoffelanbau, um die Ernährungs-
grundlagen der Bevölkerung zu verbessern. Europaweit richtungsweisend
wurde die 1788 gegründete Allgemeine Armenanstalt, ein Vorläufer des späteren Wohlfahrtsamtes. Die Gesellschaft unterstützte auch den 1864 gegründeten Arbeiterbildungsverein und den Aufbau des Kunst und Gewerbe
Museums.

Darüber hinaus setzte sich die Gesellschaft für die merkantile Belebung der
Stadt ein. So gründete sie die erste Sparkasse in Europa, bei der auch nicht vermögende Personen Geld zinsbringend anlegen konnten. Mit der Einführung des
Blitzableiters, damals eine revolutionäre Neuerung, half sie, Kontor- und Privat-
häuser zu schützen. Auch der Vorläufer des heutigen Arbeitsamtes wurde von
der Gesellschaft ins Leben gerufen. Diverse Schulgründungen entwickelten sich
im Laufe der Geschichte zu so bedeutenden Institutionen wie der Hochschule für
angewandte Wissenschaften oder der Hochschule für Bildende Künste.

In der jüngsten Vergangenheit, den 1980er-Jahren, rückte für die Patriotische
Gesellschaft von 1765 neben den traditionellen Formen der Kulturförderung und
dem Einsatz für soziale Themen erneut das Berührungsfeld von Wirtschaft und
sozialer Sphäre auf die Agenda. So haben sich Arbeitskreise und Kommissionen
schon früh mit der Vergabe von Mikrokrediten beschäftigt und ein neues Schul-
modell gefördert (Produktionsschule), das lernschwachen Hauptschülern durch
Produktionserfahrungen den Hauptschulabschluss und damit Zugänge zum
Arbeitsmarkt ermöglicht. Heute stehen Fragen der Fairness im Geschäfts-
verkehr sowie Korruption als aktuelle Themen auf der Tagesordnung der
Arbeitskreise.

Reformwerkstatt

Die Gesellschaft ist heute als gemeinnütziger Verein organisiert und unter-
scheidet sich daher rechtlich von Stiftungen, nicht jedoch inhaltlich in dem
Bemühen, durch Ideen, Projekte und Förderaktivitäten die Zivilgesellschaft zu
stärken und auszubauen. Während Stiftungen allerdings zur Realisierung ihrer
Zwecke auf die Erträge eines Kapitalstockes zurückgreifen können, muss die
Patriotische Gesellschaft die nötigen Finanzmittel jährlich neu aus eigener wirt-

schaftlicher Betätigung generieren. Hierzu dienen die Vermögensverwaltung, ihre Immobilien sowie eine gewerbliche Tochtergesellschaft, deren Profite nach Steuern der Muttergesellschaft zufließen. Insgesamt fallen die erwirtschafteten Überschüsse allerdings – aus historischen Gründen – im Vergleich zu den Mitteln vieler Stiftungen bescheiden aus.

Die Gesellschaft versteht sich daher auch nicht hauptsächlich als finanzieller Förderer von Projekten, sondern als Reformwerkstatt. In ihren zur Zeit 14 Arbeitskreisen und Kommissionen werden neue Ideen entwickelt und Vorhaben umgesetzt. Erfolgreich initiierte Projekte werden in die Selbstständigkeit entlassen. Die Gesellschaft legt ihr Augenmerk dabei weniger auf die Förderung „kompensatorisch" angelegter Projekte, das heißt auf Bestrebungen, Missstände in gesellschaftlichen Feldern durch die Aktivierung von Zeitbudgets und Geldmitteln zu verringern. Vielmehr geht es immer auch darum, durch innovative und auch ungewöhnliche Ansätze dabei zu helfen, die Zukunftsfähigkeit unseres Gemeinwesens gegen die vielfach festzustellenden Beharrungstendenzen herzustellen. So fragen Arbeitskreise und Kommissionen der Patriotischen Gesellschaft etwa: Welche Kunst sollte zukünftig gefördert werden – wo doch die Karnevalisierung der Kultur und das Eventmarketing alles zu durchdringen scheinen? Wie kann die Integration von Nichtdeutschen erneut, wie in den Jahrhunderten zuvor, gelingen? Wie können Potenziale ehrenamtlichen Engagements durch das Internet nutzbar gemacht werden? Ist ein durch die Bürger selbst geschaffenes Regelsystem für das Internet sinnvoll, etwa in Form eines Bürgernetzrates analog zu den Rundfunkräten? Welche präventiven Maßnahmen kann es zur Bekämpfung der Korruption in Wirtschaft und Gesellschaft geben?

Solche Fragen werden von ehrenamtlichen Mitarbeitern bearbeitet. Ein kleines hauptamtliches Team hilft bei der Umsetzung daraus resultierender Projekte.

98 Innovation mit SeitenWechsel®

Im Bereich der Wirtschaftsethik steht die Patriotische Gesellschaft auf dem Standpunkt, dass Wirtschaft vor allem eine lebensdienliche Welt für möglichst viele Menschen zu schaffen hat. Wirtschaften darf kein Selbstzweck sein. Es entsteht damit automatisch die Frage, welche Leitbilder Unternehmen zu dieser Frage entwickeln und wie sie ihre Mitarbeiter gemäß daraus abgeleiteter Leitlinien fortbilden.

Die Patriotische Gesellschaft bietet aus dieser Erkenntnis heraus ein neues Produkt an: SeitenWechsel® (www.seitenwechsel.com). Entstanden in der Schweiz und dort organisiert von der 1810 gegründeten „Schweizerischen Gemeinnützigen Gesellschaft" (www.seitenwechsel.ch), bildet das Projekt geradezu idealtypisch die Bemühungen der Patriotischen Gesellschaft ab, getrennte Bereiche des gesellschaftlichen Lebens synergetisch zusammenzuführen. Im Rahmen einer entgeltpflichtigen Weiterbildung trainieren Führungskräfte ihre Persönlichkeit in ungewöhnlichen Lernfeldern.

Der SeitenWechsel® findet nicht im Seminarraum einer Tagungsstätte statt. Die Führungskräfte wählen sich eine von der Patriotischen Gesellschaft geprüfte soziale Einrichtung aus dem breiten Spektrum der sozialen Arbeit aus, lernen das Projekt auf einer „Marktbörse" kennen und vereinbaren dann den eigentlichen SeitenWechsel® mit Vertretern dieser Einrichtung. Zu den Bereichen gehören Einrichtungen für Schwerstkranke (Hospize), der Sucht- und Drogenhilfe, der Behindertenbetreuung, der Kinder- und Jugendhilfe, Flüchtlingsunterkünfte, Psychiatrien, Obdachlosenhilfsprojekte und des Strafvollzuges. Für alle Seitenwechsler eines Durchlaufes schließt sich die gemeinsame Auswertung ihrer Erfahrungen an. Die Teilnehmer tauchen tief in soziale Problemlagen ein, beteiligen sich nach einem vorab mit der gewählten sozialen Einrichtung festgelegten Lernplan an der Arbeit mit deren Klienten und reflektieren den Transfer der gewonnenen Erfahrungen in den betrieblichen Alltag. Während der Einsatzwoche werden die Teilnehmer durch hauptamtliche Beschäftigte der Sozialeinrichtungen begleitet.

Die Teilnehmenden sowie die sozialen Projekte unterziehen sich der Mühe, umfangreiche Evaluationsbögen, insbesondere mit Fragen zu den Transferprozessen in den Arbeitsalltag, auszufüllen. Das Projekt wird so evaluiert. Die bislang ausgewerteten Fragebögen ergeben eindeutig Nutzeneffekte für den Betrieb in langfristiger Sicht: 70 Prozent der Teilnehmer sehen einen hohen Nutzen des SeitenWechsel® für ihr Unternehmen. Auch der persönliche Nutzen wird von

99

neun von zehn Teilnehmern als sehr hoch bewertet. 90 Prozent der Teilnehmer werden sich längerfristig mit den Effekten ihres Einsatzes beschäftigen und haben den SeitenWechsel® als völlig neue Erfahrung und Bruch zum Alltag empfunden. Sieben von zehn Teilnehmerinnen und Teilnehmern waren der Meinung, der Einsatz habe sie stark gefordert, die Herausforderung sei also groß gewesen. 84 Prozent der Teilnehmer würden sich wieder an einer Einsatzwoche beteiligen, wenn der Betrieb ihnen diese Fortbildung erneut ermöglicht.

Nicht nur die objektivierbaren Äußerungen in den Fragebögen, sondern auch viele persönliche Gespräche mit den Teilnehmern und ihren Personalentwicklern haben die Gesellschaft von der Sinnhaltigkeit und der Innovationskraft des

Gleichwohl ist der Gesamtnutzen des Projektes für die Unternehmen nicht mit klaren Messzahlen darzustellen.

Projektes überzeugt. Von bislang über 1200 teilnehmenden Führungskräften (in der Schweiz und Deutschland) hat lediglich eine Person ihren SeitenWechsel® abgebrochen. Besonders deutlich war ein Abbau von gegenseitigen Vorurteilen zu beobachten, und zwar bei den jeweiligen sozialen Einsatzstellen ebenso wie bei den Führungskräften aus der Wirtschaft.

Bei der Akquisition von Teilnehmern für das Projekt stellt sich regelmäßig folgende Situation ein: Die Personalentwickler sehen die Innovationskraft und unterstützen das Projekt. Vorstände und Betriebswirte sind skeptisch. Welchen konkreten Nutzen dieses Projekt denn habe, lautet stets die erste Frage. Unternehmen müssen rechnen und Gewinne erzielen. Dies ist ihr Auftrag. Wie diese Gewinne aber erzielt werden, hängt nicht nur von einer effizienzorientierten Unternehmensführung ab, sondern zunehmend vom Personal und seiner sozialen Kompetenz, einer Schlüsselqualifikation jeder Führungskraft.

Ein SeitenWechsel® fördert diese Qualifikation. Personalentwickler führen als Argumente für das Projekt an, dass im Rahmen der Persönlichkeitsentwicklung von Führungskräften neue Rollen erprobt werden müssten. Hierbei sei es wichtig, dass die Führungskräfte nicht von vornherein auf das Privileg der Führungsrolle zurückgreifen könnten und stattdessen bestehende Werte, Normen und

Verhaltensweisen in Frage stellen müssten. Personalentwickler heben auch das innovative Design der Maßnahme hervor. Die längerfristige Auseinandersetzung mit dem SeitenWechsel® erfolgt durch die Vorbereitung und die individuelle Entscheidungsmöglichkeit auf einer Marktbörse, so dass die eigenen Lernbedürfnisse berücksichtigt werden können. Die Führungskräfte selbst entscheiden, wie weit sie sich aus ihrer Komfortzone herausbewegen und wie intensiv sie sich während ihres Praktikums auf Herausforderungen einlassen. Als äußerst wichtig wird das Lernen in der Realität bewertet, denn „Lernen ohne Risiko ist wertloses Lernen" (Reg Revans). Der SeitenWechsel® kann als Modul in die anderen Bausteine der Personalentwicklungsarbeit und Organisationsentwicklung eingefügt werden. Gerade für obere Führungskräfte ist ein solches Modul äußerst wichtig – denn sie erhalten selten offenes Feedback und nehmen aufgrund ihrer herausgehobenen Stellung kaum an Persönlichkeitsentwicklungsmaßnahmen teil. SeitenWechsel® bietet die Chance, sich auch in hohen Positionen weiterzuentwickeln, da der Einsatz individuell vereinbart und durchgeführt wird.

Neben der bereits erwähnten Steigerung der sozialen Kompetenz einzelner Führungskräfte ist der Nutzen des Projekts aber auch für Unternehmen insgesamt gegeben. Jedes Unternehmen kann als ein Mikrokosmos unserer Gesellschaft gesehen werden und hat unter Umständen Mitarbeiter, die suchtkrank (Alkohol-, Tabletten-, Drogen- und Spielsucht) oder psychisch krank sind. Jede Führungskraft wird mit diesen Problemen konfrontiert und muss das Gespräch mit den betroffenen Mitarbeitern suchen.

Ein Unternehmen, das seine soziale Verantwortung gegenüber Mitarbeitern und Gesellschaft ernst nimmt, braucht Führungskräfte mit hoher sozialer Kompetenz. Gleichwohl ist der Gesamtnutzen des Projektes für die Unternehmen nicht mit klaren Messzahlen darzustellen.

SeitenWechsel® und Corporate Citizenship

Das Konzept eines „Good Corporate Citizen" geht davon aus, dass Unternehmen langfristig davon profitieren, sich gegenüber den Mitbewerbern und den eigenen Mitarbeitern sowie im regionalen Umfeld als verantwortungsvoll handelnde Körperschaften zu beweisen. Soziale Verantwortung sowohl eines Gesamtunternehmens wie auch von Führungskräften kann aber nicht von außen verordnet werden.

Unternehmen entscheiden sich folgerichtig nicht für den SeitenWechsel®, weil sie „Good Corporate Citizens" sein wollen. Zwar kann in Unternehmen der SeitenWechsel® in eine solche Gesamtstrategie eingebaut werden. Vornehmlich ist es aber eine Entscheidung von Personalentwicklern und Vorständen, ob sie ihren Führungskräften diese spezifische Form von Weiterbildung anbieten wollen. SeitenWechsel® ist daher am Randbereich des Corporate Citizenship angesiedelt. Mittlerweile arbeiten rund drei Dutzend zumeist große Firmen mit dem Weiterbildungsprogramm, unter anderen Airbus Deutschland GmbH, Phoenix AG, Beiersdorf AG, BMW AG, Deutsche Unilever GmbH, Dresdner Bank AG und Flughafen Hamburg GmbH.

Die Teilnahme am SeitenWechsel® setzt mentale Prozesse bei den Führungskräften in Gang, die eine größere Offenheit gegenüber den sozialen Problemen des unmittelbaren Lebensumfeldes bewirken. Welche Führungskraft will nicht in einer Region leben, in der soziale Probleme angepackt und überwunden werden? Welche Führungskraft schickt die eigenen Kinder nicht in eine Schule, die sich als moderne, sozial engagierte Bildungsstätte versteht? Welche Führungskraft wird nicht auf dem Heimweg konfrontiert mit der Drogenproblematik großer Metropolen? Langfristig ist zu hoffen, dass Führungskräfte mit ausgeprägter sozialer Sensibilität auch in Unternehmen eine generelle Hinwendung zu „Corporate Social Responsibility" unterstützen.

Die Qualitätsstandards

Das Produkt SeitenWechsel® wird in einem Kooperationsverbund bundesweit einheitlich angeboten. In den Regionen sind Partnerorganisationen der Patriotischen Gesellschaft von 1765 tätig, die vor Ort soziale Projekte ausfindig machen und überprüfen, um sie dann den Mitarbeitern der Unternehmen als Einsatzorte anzubieten. Auf diese Weise wird der SeitenWechsel® im unmittelbaren Umfeld des jeweiligen Unternehmens oder einer Zweigniederlassung ermöglicht. Die Teilnehmer müssen also nicht weit reisen, sondern können in der Nähe ihres

Arbeitsortes den SeitenWechsel® absolvieren. Über die Koordinationsstelle in Hamburg kann aber auch bundesweit ein SeitenWechsel® für die Mitarbeiter eines Unternehmens vereinbart werden, der dann in der selbst gewählten Region stattfinden kann.

Das Projekt ist bewusst weltanschaulich neutral angelegt, das heißt, ganz unterschiedliche Einsatzorte aller Wohlfahrtsorganisationen kommen für einen Einsatz in Frage. Ausgewählt werden sie allein nach ihrer Eignung als Lernort für die Führungskräfte.

Der Zuspruch zu dem Projekt von Seiten der Personalentwickler, der teilnehmenden Unternehmen und auch der Wirtschaftsverbände zeigt, dass die Patriotische Gesellschaft ein innovatives Projekt realisiert hat, das kostengünstig ist und einen Gewinn für alle Beteiligten darstellt.

Das Projekt kann auch Vorbild für Transferprozesse zwischen anderen gesellschaftlichen Bereichen sein, etwa zwischen Kulturprojekten und Wirtschaft, Schule und Betrieben oder Politik und sozialen Trägern.

SeitenWechsel® umgekehrt

Grundsätzlich besteht auf der Seite der Sozialarbeiter ein großes Interesse, Personen aus „der Wirtschaft" kennen zu lernen. Der erhobene Vorwurf, der SeitenWechsel® nutze Projekte und Klienten aus, wird von diesen entschieden verneint. Wer soziale Projekte verantwortet, ist es überwiegend nur gewohnt, mit Zuwendungsgebern oder im Rahmen des Fundraising mit Stiftungen und Spendern zu sprechen. Das Interesse an Kontakten und an Kommunikation mit Experten aus der Wirtschaft ist daher groß. Für soziale Institutionen ist dabei das Wichtigste, die Führungskräfte für die Welt ihrer Klienten zu sensibilisieren. Sie nutzen gern die Chance, ihre eigenen Leistungen transparent zu machen und so bestehende Vorurteile gegenüber der Sozialarbeit abzubauen. Sie erleben eine große Bestätigung, wenn ihre Arbeit dem Blick von außen standhält.

Die Klienten in den sozialen Institutionen freuen sich über den Austausch mit Menschen aus der Wirtschaft und begrüßen, dass die Führungskräfte sich persönlich und nicht nur durch die Medien einen Einblick in ihren Alltag mit den damit verbundenen besonderen Problemen verschaffen.

Wirtschaftliches Denken ist in den sozialen Projekten noch nicht hinlänglich ausgeprägt. Die pragmatische und an Effizienzkriterien orientierte Sichtweise von Führungskräften bringt neue Diskussionsansätze in die sozialen Projekte ein. Die eigenen Vorstellungen können reflektiert werden. Außerdem führt die

> Langfristig ist zu hoffen, dass Führungskräfte mit ausgeprägter sozialer Sensibilität auch in Unternehmen eine generelle Hinwendung zu „Corporate Social Responsibility" unterstützen.

Professionalisierung der Wohlfahrtspflege auch zu Marktbereinigungen – schon aus Eigeninteresse sind die Betreiber der sozialen Projekte daher sehr offen für Betrachtungsweisen aus der Wirtschaft.

Die Patriotische Gesellschaft von 1765 hat aber keine Einbahnstraße konstruiert. Derzeit wird das SeitenWechsel®-Projekt erweitert. Führungskräfte aus sozialen Projekten sollen bei Unternehmen hospitieren, damit sie dort die Wirtschaftsrealität aus nächster Nähe erleben können.

Fazit

Die Informations- und Wissensgesellschaft wird global. Durch Migration und Kulturkontakte internationalisieren sich zugleich die Nationalstaaten und darin die Regionen. Mit dieser Entwicklung entsteht eine Dynamik, bei der nicht alle Bürger mithalten können und wollen. Es kommt zu neuartigen Spaltungen und Klüftungen. Die gesellschaftlichen Akteure können aber nicht daran interessiert sein, diese zu zementieren oder gar zu vertiefen. Der Bau von Brücken ist also gefragt, um das Gemeinwohl zu sichern. Solche Brücken müssen aber dauerhaft tragen und für sehr unterschiedliche Verkehrsmittel taugen.

Die „Verkehrsmittel" der Transferprozesse zwischen ansonsten abgekapselten gesellschaftlichen Segmenten ist ein wichtiger Weg, um die soziale Kohäsion unserer Gesellschaft zu sichern. Der SeitenWechsel® ist dabei ein eminent wichtiger Baustein. Moderne Bausteine immer wieder zu entwickeln, bleibt ein Hauptanliegen der Patriotischen Gesellschaft von 1765. Sie kann dabei auf die Erfahrungen einer mehr als zweihundertjährigen Geschichte zurückblicken.

Von der Patriotischen Gesellschaft von 1765 ist einmal gesagt worden, sie stelle den höchstentwickelten Typus der Vereinigung privater Kräfte zur Förderung des öffentlichen Wohles dar. Das ist eine schöne und verpflichtende Charakterisierung, die für die Mitglieder der Gesellschaft noch heute Ansporn und Anspruch zugleich ist.

Literatur: Conradi, Walter/Wieland, Josef: Corporate Citizenship. Gesellschaftliches Engagement – Unternehmerisches Handeln, Marburg 2002. – „Enquete-Kommission Zukunft des bürgerschaftlichen Engagements": Bericht Bürgerschaftliches Engagement: Auf dem Weg in eine zukunftsfähige Bürgergesellschaft, Opladen 2002. – Kistler, Ernst/ Noll, Heinz-Herbert/Priller, Eckhard (Hg.): Perspektiven gesellschaftlichen Zusammenhalts, Berlin 1999. – Schönsee, Reinhart: Wenn der Manager vom Künstler lernt. Ein Symposion des Arbeitskreises Kultur im Rahmen der KUNSTSIGNALE 1995, Hamburg 1995 (Broschüre hrsg. von der Patriotischen Gesellschaft von 1765). – Strachwitz, Rupert Graf (Hg.): Dritter Sektor – Dritte Kraft, Stuttgart 1998. – Ulrich, Peter: Integrative Wirtschaftsethik, Grundlagen einer lebensdienlichen Ökonomie. Bern/Stuttgart/Wien, 2. Aufl. 1998.

Matthias Schwark, Studium der Politologie, Biologie und Pädagogik. 1988–1992 Leiter eines Kulturzentrums in Hamburg; danach Geschäftsführer von Hamburg Leuchtfeuer, einem zum wesentlichen Teil aus Spendengeldern aufgebauten Hilfesystem für Schwerstkranke, mit dem ersten Hospiz in Hamburg. Seit 1996 Geschäftsführer der Patriotischen Gesellschaft von 1765 sowie der Hammaburg Dienstleistungs- und VeranstaltungsGmbH in Hamburg.

III.
Verantwortung teilen

Hermann Otto Solms

Birger P. Priddat

Peter L. Berger/Ann Bernstein

Christoph Glaser

Wenn man vom Staat spricht, ist nicht nur die Politik gemeint. Der Staat – insbesondere der Sozialstaat – muss wieder Sache der Bürger werden, sagt Hermann Otto Solms. Die Politik darf lediglich die Rahmenordnung für eigenverantwortliches Handeln und bürgerschaftliches Engagement schaffen: ein Plädoyer für mehr unternehmerisches Handeln des Einzelnen und weniger staatlichen Verteilungsaktionismus der Politik.

Die Re-Privatisierung der Nächstenliebe

Warum der Staat mündige Bürger braucht

Hermann Otto Solms

„Gleich der trügerischen wirtschaftlichen Freiheit, aber mit mehr Berechtigung, ist auch die wirtschaftliche Sicherheit als eine unerläßliche Voraussetzung für die wirkliche Freiheit hingestellt worden [...]. Der Gedanke wirtschaftlicher Sicherheit ist jedoch ebenso unbestimmt und zweideutig wie die meisten Begriffe auf diesem Gebiet, und deshalb kann die allgemeine Zustimmung, die die Forderung nach Sicherheit findet, zu einer Gefahr für die Freiheit werden. Weit davon entfernt, die Chancen für die Freiheit zu erhöhen, erwächst aus dem allgemeinen Streben nach Sicherheit, wenn diese zu absolut aufgefaßt wird, in der Tat die ernste Bedrohung für die Freiheit.“

Friedrich August von Hayek, Der Weg zur Knechtschaft, 1944

Die Gedanken, die Friedrich August von Hayek vor mehr als fünfzig Jahren formulierte, sind in ihrer Weitsichtigkeit verblüffend. Wir leben in einer Zeit, in der die Frage, wie wirtschaftliche und soziale Sicherheit in der Zukunft aussehen wird, zum beherrschenden Thema geworden ist. Obwohl sich die Unmöglichkeit der Finanzierung einer sozialen Vollversicherung durch den Staat längst erwiesen hat, fordern führende Politiker in Deutschland noch immer mehr Geld für den Staat, damit „dieser seine Aufgaben erfüllen“ könne. Ausgangspunkt und

Richtschnur der Debatte ist der drohende finanzielle Kollaps der staatlichen sozialen Sicherungssysteme. Längst aber hat die Thematik andere Dimensionen erreicht: Es geht um die Gefährdung der Freiheit, die aus einem ausgeuferten Sozialstaat erwächst.

Zweifellos gehören bestimmte Formen sozialen Ausgleichs zur sozialen Marktwirtschaft. Die Gemeinschaft muss für diejenigen einstehen, die sich nicht selbst helfen können. So richtig und wichtig dieser Befund aber auch sein mag, muss doch festgestellt werden, dass durch die allumfassende öffentliche Fürsorge in Deutschland das private Verantwortungsgefühl erstickt wird. „Gleich hinter den planmäßig begangenen Verbrechen und Übeltaten rangieren die guten Absichten, die negative Auswirkungen zeitigen", wie der französische Aphoristiker Chamfort meinte, „die guten Taten, die für das Gemeinwesen schädlich sind wie Wohltaten, die man Bösewichten erweist, die Dummheiten der Gutmütigkeit." Doch auch in Deutschland wächst die Einsicht, dass offene und freiheitliche Gesellschaften im Wettbewerb der Nationen sich anders aufstellen müssen, um im Zeitalter der Globalisierung bestehen zu können. Ob allerdings das Prinzip „Freiheit" recht verstanden und gewürdigt wird, bleibt fraglich. Der Ökonom Joseph Alois Schumpeter wies auf die „kindliche Staatsgläubigkeit" der Deutschen hin, auf ihren fehlenden Widerstand gegen das, was der Staat tut. Der Gedanke von Freiheit, von Wettbewerb und Eigenverantwortlichkeit konnte sich in Deutschland, mangels Tradition und bewährter Übung, kein festes Fundament schaffen.

Von Fürst Bismarck zu Walter Riester

Ein Blick zurück an den Beginn der Übernahme sozialer Absicherung durch den Staat zeigt, dass bereits in den Wurzeln der Sozialversicherung in Deutschland der Mangel an Verantwortungsbewusstsein angelegt ist. Die Fehlentwicklung der Sozialsysteme, deren Ruin nun zu befürchten steht, wurde im weiteren Verlauf der Geschichte und insbesondere seit dem Bestehen der Bundesrepublik noch rasant beschleunigt. Ein Grund dafür mag auch die Tatsache sein, dass das dritte Quartal des 20. Jahrhunderts eine Ausnahmeepoche war, in der fast alle entwickelten Staaten hohe Wachstumsraten erzielten, welche Vollbeschäftigung und ausgeglichene Staatsfinanzen trotz wachsender Ausgaben gewährleisteten. Die heute den Deutschen allseits attestierte „Vollkaskomentalität" wurde ihnen in den 120 Jahren, die seit dem Beginn der Einführung der Bismarck'schen Sozialversicherungen vergangen sind, sorgsam anerzogen. Bis zu diesem Zeitpunkt war eine staatlich organisierte Absicherung gegen soziale Risiken durch Krankheit, Unfall oder altersbedingte Erwerbsunfähigkeit weder denkbar noch dringend notwendig. In der vorindustriellen Zeit bildeten die (groß-)familiären Bindungen das soziale Auffangnetz. Für die Handwerker übernahmen die Zünfte und Gilden die Organisation sozialer Fürsorge. In den Städten sorgten die Kirchen für Kranke und Verarmte.

Der industriellen Revolution hielt dieses soziale Geflecht nicht stand. Neue Strukturen zur Begrenzung des Armutsrisikos bei Krankheit, Alter oder Arbeitslosigkeit mussten gefunden werden, denn längst war die soziale Verelendung eines großen und sich noch dazu immer besser organisierenden Teils der Bevölkerung, der Industriearbeiter, zu einer Gefährdung des politischen Systems geworden. Mit der „Kaiserlichen Botschaft" Wilhelms I. im November 1881 war der Weg vorgezeichnet: „Die Heilung der sozialen Schäden" sei „nicht ausschließlich im Wege der Repression sozialdemokratischer Ausschreitungen, sondern gleichmäßig auf dem der positiven Förderung des Wohls der Arbeiter" zu suchen. Um eine aus Not und Armut geborene Revolution zu verhindern, begann Reichskanzler Otto von Bismarck seine Untertanen gleich unmündigen Kindern zu regieren. Der Peitsche des Versammlungs-, Organisations- und Publikationsverbots für Sozialdemokraten und Gewerkschafter folgte das Zuckerbrot eines bis dahin unbekannten Maßes an sozialer Sicherung durch die Sozialreformen. Die Antwort auf die Frage, ob in den Aufbau individueller Vorsorge oder in ein staatliches Versorgungssystem zu investieren sei, war für Bismarck selbstverständlich. Es entsprach seiner tiefen Überzeugung, dass nur der Staat in seiner Gesamtheit die Versorgung Invalider und Alter erfüllen könne.

Diese Ansicht passte durchaus zu den preußischen Traditionen. Von jeher hatte der Staat in Gestalt des Königs und seines hoch entwickelten Beamtenapparates das Leben der Bürger bestimmt. Er hatte beispielsweise für wirtschaftliche Entwicklung durch eine Art aktiver Zuwanderungspolitik gesorgt, sich um Bil-

dung gekümmert und sogar geplant, was auf die Teller kam: Per Dekret mach-
te Friedrich der Große im Jahre 1756 den Kartoffelanbau zur Pflicht, nachdem
groß angelegte Kampagnen in ganz Preußen nicht den gewünschten Erfolg gezeigt hatten.

Die Prinzipien der Bismarck'schen Sozialpolitik blieben über allen Wandel hin-
weg für Deutschland prägend. Auch im 20. Jahrhundert versuchte der Staat
möglichst umfassend auf die Herausforderungen zu antworten, indem er neue
Systeme alter Art einrichtete: Der Anstieg der Arbeitslosigkeit zog die Entstehung der Arbeitslosenversicherung als vierte Säule der Sozialversicherung

Die heute den Deutschen allseits attestierte „Vollkaskomentalität" wurde ihnen in den 120 Jahren, die seit dem Beginn
der Einführung der Bismarck'schen Sozialversicherungen vergangen sind, sorgsam anerzogen.

im Jahre 1927 nach sich. Mit der längeren Lebenserwartung und der verbesserten medizinischen Versorgung stieg das Risiko, pflegebedürftig zu werden –
als vorerst letzter Bereich der Sozialversicherung wurde 1995 die Pflegever-
sicherung von einer großen Koalition aller Parteien in Kraft gesetzt, finanziert
durch eine von Arbeitgebern und Arbeitnehmern zu zahlende Umlage, die zu einer weiteren Erhöhung der Arbeitskosten und in deren Folge der Arbeitslosigkeit geführt hat. Die FDP hatte sich lange hartnäckig, aber mangels anderer
Mehrheiten vergeblich gegen diese Fehlentscheidung gewehrt.

Die unkritische Übernahme hergebrachter Strukturen und die Ausdehnung des
Leistungsniveaus drängte das Verantwortungsbewusstsein der Bürger immer
weiter zurück, wie sich am Beispiel der Altersvorsorge beeindruckend zeigen
lässt. Während bei der Bismarck'schen Rentenversicherung die Leistungen und
der Kreis der Leistungsempfänger eng eingegrenzt waren und die Finanzierung
noch teils durch Umlagen, teils aus einem Kapitalfonds erfolgte, wurde die Rentenversicherung nach 1945 mit immer neuen Verpflichtungen belastet. Sie in-
tegrierte Flüchtlinge, Vertriebene und Landwirte, später auch Hausfrauen. Das

Kapitaldeckungsverfahren wurde endgültig aufgegeben, was aber in Zeiten steten Bevölkerungs- und Wirtschaftswachstums zunächst noch nicht zu einer Destabilisierung der Finanzierungsbasis führte. Mit dem medizinischen Fortschritt stieg die Lebenserwartung. Es wurde zum Normalfall, Rente wegen Alters zu erreichen. Die Rentenbezugsdauer wurde immer länger. Die wichtigste Weichenstellung aber war die im Jahre 1957 beschlossene Anpassung der Renten an die allgemeine Lohn- und Einkommensentwicklung – auch diesmal gegen den Einspruch der FDP, die mit dem „Mischnick-Plan" einen alternativen Vorschlag zur Diskussion gestellt hatte. Der Versicherungscharakter der Rentenversicherung wurde zugunsten einer Überbetonung des Versorgungscharakters aufgegeben. Relativ unabhängig von den geleisteten Beiträgen sollte im Alter und im Falle der Arbeitsunfähigkeit das Auskommen der Anspruchsberechtigten abgesichert werden. Der nicht mehr arbeitende Teil der Bevölkerung profitierte umfassend von der Wohlstandsexplosion. Inzwischen liegt der Rentenversicherungsbeitrag bei 19,5 Prozent, ohne die Zuschüsse aus der Ökosteuer wären es sogar 21,2 Prozent, und er steigt weiter.

Die demographische Entwicklung wird Deutschlands Rentenversicherung spätestens im Jahre 2040 überrollen, denn dann muss jeder Arbeitnehmer einen Rentner finanzieren. Dennoch will nach einer Untersuchung der Bertelsmann-Stiftung jeder zweite Haushalt die Altersvorsorge nicht erhöhen, weil er sich ausreichend abgesichert wähnt. Die späteren Rentenbezieher überschätzen die zu erwartenden Leistungen zum großen Teil erheblich, nämlich um bis zu 50 Prozent. Eine ganz ähnliche Entwicklung lässt sich in den anderen Zweigen der Sozialversicherung aufzeigen, die ebenso auf immerwährendes Wachstum der Leistungsansprüche aus-, aber nicht dafür eingerichtet wurden. Selbst die Sozialhilfe als öffentliche Existenzsicherung wurde in die Dynamisierung einbezogen. Trotz steigenden Wohlstands nahm die Zahl der „Armen" deshalb nicht ab, sondern zu.

Entzauberung des Wohlfahrtsstaates

Im Glauben an unbegrenztes Wachstum wurden die Ansprüche gegenüber dem Sozialstaat unverantwortlich ausgeweitet. Infolgedessen stieg die Staatsquote in Deutschland, die noch in den fünfziger Jahren bei 29 Prozent lag, auf den Rekordwert von 56 Prozent des Volkseinkommens im Jahr 2002. Dem kontinuierlichen Wandlungsprozess der Gesellschaft und der infolge der Globalisierung verschärften Wettbewerbslage der Volkswirtschaft aber kann das deutsche Modell eines Wohlfahrtsstaates nicht standhalten. Im Einzelnen mögen die massiven Finanzierungsprobleme unserer sozialen Sicherungssysteme vielfältige Ursachen haben, letztlich lassen sich diese jedoch auf zwei wesentliche Gründe zurückführen: Zum einen ist das Modell, das unserem Wohlfahrtsstaat zugrunde liegt, tatsächlich längst überholt. Der gewachsenen Vielfalt von Erwerbsformen und Einkunftsarten, von Familienstrukturen und Lebensentwürfen vermag es nicht zu entsprechen. Zum anderen sind die Bürger wegen ihres Glaubens an die Allmacht des deutschen Wohlfahrtsstaates auch heute noch nicht bereit, den Realitäten ins Auge zu schauen. In diesem Irrglauben werden sie täglich von den Funktionären der kollektiven Systeme in Gewerkschaften, Arbeitgeberverbänden, Kirchen und Sozialorganisationen bestärkt.

Der Kerngedanke des Subsidiaritätsprinzips, wonach jeder zunächst einmal eigene Möglichkeiten ausschöpft, bevor der Staat einspringt, beziehungsweise der Staat nur Aufgaben an sich ziehen darf, zu deren Wahrnehmung der Einzelne nicht fähig ist, wurde und wird zunehmend als Prinzip der Zuteilung staatlicher Leistungen fehlinterpretiert. „Das Prinzip ist pervertiert", wie Carl Christian von Weizsäcker in der Frankfurter Allgemeinen Zeitung vom 22. März 2003 schrieb. Nicht mehr der Einzelne soll Verantwortung tragen für das, was er leisten kann, sondern dem Staat kommt die Initiative zu, solange nur seine finanziellen Kräfte ausreichen und sogar – über den Weg der Verschuldung – darüber hinaus. Der Privatwirtschaft und dem Unternehmertum kommt in einer solchen Konzeption zwangsläufig die Rolle des Reichen zu, den es zu schröpfen gilt. Dabei ist die künstliche Aufspaltung von sozialer Gerechtigkeit und ökonomischer Vernunft eine der Ursachen der Misere. Ausgeblendet wird, dass in einer sozialen Marktwirtschaft, dem wirtschaftspolitischen Leitbild, an dem sich unsere Verfassung ausrichtet, die soziale der ökonomischen Kompetenz folgt, nicht umgekehrt. Soziale Sicherheit ist keine Frage der wohlgemeinten Absichten, sondern eine der volkswirtschaftlichen Leistungsfähigkeit. Die Zuwächse, derer es

113

für eine angemessene soziale Absicherung bedarf, können nur in einer starken und leistungsfähigen Marktwirtschaft geschaffen werden.

Am Ende des sozialdemokratischen Jahrhunderts – nicht im parteipolitischen Sinne, sondern im Sinne Ralf Dahrendorfs – ist die Illusion verbreitet, der Einzelne besitze die persönliche Freiheit und der Staat trage die Verantwortung. Die deutsche Politik hat ein Trugbild gezeichnet, wonach der Staat Freiheit und Sicherheit in allen Lebenslagen liefern könne, ohne dass die Menschen dafür selbst Verantwortung übernehmen müssten. Die großen Volksparteien, die Gewerkschaften und die Kirchen suchen das Heil für die Gesellschaft im Kollektiv und verkennen, dass Solidarität immer eine individuelle Angelegenheit ist und

> Soziale Sicherheit ist keine Frage der wohlgemeinten Absichten, sondern eine der volkswirtschaftlichen Leistungsfähigkeit.

nur als solche funktioniert. Sonst kommt es zur kollektiven Ausbeutung der Solidarität, wie Hans D. Barbier in der Frankfurter Allgemeinen Zeitung vom 17. April 2003 treffend bemerkte. Gerade die Vertreter der Kirchen haben verkannt, dass das christliche Gebot der Nächstenliebe sich an den einzelnen Menschen und Christen richtet, nicht an eine anonyme Gemeinschaft. Mit ihrer Unterstützung für die Kollektivierung der Nächstenliebe haben die Kirchen dazu beigetragen, dass der Bürger sich nicht mehr für sich und seinen Nächsten verantwortlich fühlt, weil er durch die hohen Sozialabgaben seine Verantwortung auf den Staat und dessen Sozialeinrichtungen übertragen zu haben meint. Das Gefühl für Nächstenliebe geht verloren und wird von bloßem Anspruchsdenken ersetzt.

Statt des Einzelnen trägt die Gemeinschaft die finanzielle Verantwortung, und es liegt in der Natur der Menschen, dass das kollektive System immer einen Deut mehr an Anspruchsdenken produziert, als es seiner Leistungsfähigkeit entspricht. Als „sozial gerecht" wird empfunden, was dem Einzelnen persönlichen Nutzen bringt und von den anderen bezahlt wird. Zur Illustration ein Beispiel. Ein Professor lädt seine Studenten zu Beginn und zum Abschluss des Semesters in ein Restaurant ein. Er zahlt die Getränke, für das Essen kommen die Teilnehmer selbst auf, allerdings nach verschiedenen Regeln: Beim ersten Mal zahlt jeder selbst; beim zweiten Mal zahlt die Gruppe und verteilt die Kosten gleichmäßig auf den Einzelnen. Ergebnis: Beim ersten Mal bestellten die Teilnehmer zurückhaltend, beim zweiten Treffen langten sie kräftig zu. Denn hätten sie gespart, es wäre ihnen nicht unmittelbar zugute gekommen.

Die ökonomische Ineffizienz wohlfahrtsstaatlicher Betreuungskonzepte bringt die Gesellschaft letztlich dazu, dass sie über ihre Verhältnisse lebt. Im Ergebnis führt das dazu, dass diejenigen, die Hilfe am dringendsten bräuchten, diese tatsächlich nur unzureichend erhalten. Die ziemlich abstrakten Milliardenkosten der Staatstätigkeit sind für die meisten Bürger nicht verständlich. Umso genauer aber bemerken sie Missstände in ihrem näheren Umfeld. Je mehr und je häufiger sie das Versagen des Staates erkennen, weil er ja die Erfüllung aller Wünsche zugesagt hatte, umso beherrschender wird ein Gefühl von Staatsverdrossenheit. Trotz einer spürbaren Verbesserung der sozialen Lage in den letzten Jahrzehnten werden die Bürger in Deutschland immer unzufriedener, eine Empfindung, die für die Stabilität der Demokratie bedrohlich werden kann.

Die Grenzen der Staatstätigkeit

An mehr Eigenverantwortung führt kein Weg vorbei. Statt die bewährten Tugenden des freiheitlichen Bürgerstaates verächtlich zu machen, sollten die Chancen wachsender Eigenverantwortung aufgezeigt werden. Eigenverantwortung ist nichts, was ein Staat seinen Bürgern zumutet, sondern was er ihnen zutraut. Dabei ist Eigenverantwortung als Übernahme von Verantwortung durch den Einzelnen zu verstehen. In einer liberalen Bürgergesellschaft ist Eigenverantwortung jedoch nie auf die Verantwortung des Einzelnen für sich selbst begrenzt. Verantwortung heißt in einer solchen Gesellschaft auch, Verantwortung für andere zu übernehmen, und zwar durch den Einzelnen, durch Selbstorganisationen von Bürgern und auch durch Unternehmen im Sinne eines Corporate Citizenship. Verantwortung und bürgerliche Mündigkeit sind die Leitbilder, an denen sich ein moderner Sozialstaat orientieren muss.

115

Die Politik ist gefordert. Es liegt in ihrer Verantwortung, die Struktur eines modernen Sozialstaates zu entwerfen. Zukunftsfähig ist ein Sozialstaat, der das

Verhältnis von Subsidiarität und Solidarität wieder vom Kopf auf die Füße stellt. Wer den Sozialstaat für die Schwachen und Schwächsten erhalten will, muss ihn von allen Aufgaben befreien, die dem Schutz derjenigen dienen, die sich selbst schützen können. Freiwilliges Engagement von Bürgern in Vereinen, Genossenschaften, Stiftungen, Bürgerinitiativen oder anderen Ehrenämtern muss bei der Wahrnehmung gemeinnütziger Aufgaben künftig den Vorrang vor dem Staat haben. Der Eigeninitiative muss wieder jene Bedeutung zukommen, die Ludwig Erhard ihr im Jahre 1958 zugemessen hat: „Das mir vorschwebende Ideal beruht auf der Stärke, dass der Einzelne sagen kann: Ich will mich aus eigener Kraft bewähren, ich will das Risiko meines Lebens selbst tragen, will für mein Schicksal selbst verantwortlich sein." Erst da, wo die Bürger oder der freiwillige Zusammenschluss von Bürgern soziale Gerechtigkeit nicht gewährleisten können, darf der Aufgabenbereich des Staates beginnen.

Zukunftstauglich ist ein Sozialstaat, der die Bereitschaft zur Wahrnehmung von Eigenverantwortung und Solidarität mit anderen fördert, ohne erneut in einen

> Zukunftstauglich ist ein Sozialstaat, der die Bereitschaft zur Wahrnehmung von Eigenverantwortung und Solidarität mit anderen fördert, ohne erneut in einen wohlfahrtsstaatlichen Regulierungswahn zu verfallen.

wohlfahrtsstaatlichen Regulierungswahn zu verfallen. Politik muss sich auf die Definition der Rahmenbedingungen bürgerschaftlichen Engagements beschränken. Entstehende Freiräume sind durch eine deutliche Rücknahme staatlicher Regulierung der eigenverantwortlichen Gestaltung zu überlassen. Der Staat sollte zu bürgerschaftlichem Engagement ermutigen und darf es nicht ersticken. Regulierung ist immer ein Ausdruck von Misstrauen; das gilt sowohl für beschränkende Regelungen als auch für solche Normen, die zwar angeblich eine aktive Förderung zum Ziel haben, sich aber unangemessen in die inneren Angelegenheiten von privaten Organisationen einmischen.

Ein zeitgemäßer Sozialstaat muss seine finanziellen Bedürfnisse einschränken. Die Bürger können und werden nur bereit sein, stärker Verantwortung für sich selbst und ihre Nächsten zu übernehmen, wenn der Staat ihnen den finanziellen Spielraum dazu lässt. Verantwortung und Solidarität können durch Abgaben und Steuern erdrosselt werden. Umverteilung ist in den Sozialversicherungen möglichst zu vermeiden. Stattdessen ist eine strikte Proportionalität zwischen Beitragszahlungen und Leistungsansprüchen herzustellen. Die Bürger müssen wissen, was staatliche Wohltaten kosten, und dass sie es selbst sind, die das bezahlen.

Um mit Worten Ralf Dahrendorfs zu schließen: „Das, was endet, ist jenes sozialdemokratische Jahrhundert, das die Antwort vom Staat, von staatlicher Wirtschaftspolitik und von staatlich organisierter Umverteilung erwartet hat. Das, was wir jetzt erleben, ist die Suche nach Wegen, um durch stärkere Beteiligung dezentraler, auch individueller Art soziale Fragen [...] zu lösen."

Dr. **Hermann Otto Solms**, Banklehre; anschließend Studium der Wirtschaftswissenschaften und Landwirtschaft (Promotion zum Dr. agr.). Bis 1984 unternehmerische Tätigkeit. Seit 1980 Mitglied des Deutschen Bundestages; bis 1991 Obmann im Finanzausschuss und finanzpolitischer Sprecher der FDP-Bundestagsfraktion; 1985–1991 stellvertretender Vorsitzender, 1991–1998 Vorsitzender der FDP-Bundestagsfraktion. Seit Oktober 1998 Vizepräsident des Deutschen Bundestages. Finanzpolitischer Sprecher der FDP-Bundestagsfraktion.

Der Wohlfahrtsstaat hat ausgedient, mehr Engagement der Staatsbürger ist gefragt. Kann man aber Gemeinsinn einfordern? Man kann immerhin die Rahmenbedingungen dafür schaffen, sagt Birger P. Priddat, und zwar indem man die Rollen von Bürger und Sozialstaat neu definiert und die so genannte „Zivilgesellschaft" als gemeinsames Projekt von Partnern begreift. In Deutschland ist Politik noch nicht Politik der Bürger, sondern der Regierungen – eine „Verschweizerung der Politik" tut Not. Für Priddat ist dabei eGovernment ein zentrales Instrument zur Intensivierung der Kooperation zwischen Bürgern und Staat.

Soziale Kooperation
Die künftigen Rollen von Bürger und Sozialstaat
Birger P. Priddat

Wenn wir heute von Gemeinsinn reden, haben wir damit noch nichts gewonnen. Die ältere Semantik definiert häufig Gemeinnutz vor Eigennutz, als Präferenzprofile, die wir eher zu überprüfen haben denn zu bestätigen. Wir aber ahnen, dass „Gemeinsinn" in sehr modernen Gesellschaften und Wirtschaftsräumen etwas anderes bedeuten mag. Wir haben es, ökonomisch gesprochen, mit Kollektivgütern zu tun, die wir, als Bürger, freiwillig und selbstständig erstellen. Aber indem wir Kollektivgüter freiwillig und selbstständig erstellen, die vordem öffentliche Güter waren, die der Staat beziehungsweise die Kommune erstellte, weitet sich das Gemeinwohlthema in eine politische Dimension: Es geht um die Transformation des Wohlfahrtsstaates in eine Zivilgesellschaft. Das ist, in Deutschland zumindest, ein eigensinniges Projekt.

Der Begriff des Sozialen Kapitals

In Gemeinwohl muss investiert werden; Gemeinsinn lässt sich deshalb als Soziales Kapital bezeichnen. Robert Putnam hat die Kernidee des Sozialen Kapitals darin gesehen, dass „soziale Kontakte die Produktivität von Individuen und Gruppen beeinflussen". 1993 hatte Putnam es bereits vordefiniert: „Social capital […] refers to features of social organization, such as trust, norms and networks, that can improve the efficiency of society by facilitating coordinated actions." Es fällt auf, dass Putnam, einer der Initiatoren der modernen „Social Capital"-Debatte, ein ökonomisches Kriterium anwendet, das bei Einführung eines Kapital-Begriffes nahe liegt, nämlich das Investment respektive „Return on Investment". Der „Return" besteht in erhöhten Handlungsspielräumen,

In Gemeinwohl muss investiert werden; Gemeinsinn lässt sich deshalb als Soziales Kapital bezeichnen.

wesentlich bestimmt durch Vertrauen und gemeinsame, akzeptierte Beschränkungen. Putnam gehört zu den Klassikern der „Social Capital"-Theorie. Die Theorie ist unterschiedlich ausgebaut worden. So betrachten manche Ansätze den Begriff unter einer „Vertrauensperspektive". Für Francis Fukuyama beispielsweise ist Soziales Kapital gleichbedeutend mit generalisiertem Vertrauen. Generalisiertes Vertrauen ist Vertrauen zwischen Akteuren, die keine Informationen über ihre individuellen Eigenschaften haben, das heißt Vertrauen zwischen Fremden.

Andere Ansätze betonen die „Netzwerkperspektive" auf Soziales Kapital. Soziales Kapital wird hier als die Gesamtheit der aktuellen und potenziellen Ressourcen aufgefasst, die mit dem Besitz eines dauerhaften Netzes von mehr oder weniger institutionalisierten Beziehungen gegenseitigen Kennens und Anerkennens verbunden ist. Oder, anders ausgedrückt, es handelt sich dabei um Ressourcen, die auf der Zugehörigkeit zu einer Gruppe beruhen. Soziales Kapital ist eine Ressource, über die Individuen verfügen. Eine Definition von Alejandro Portes fasst diese Perspektive elegant zusammen: „Social capital refers to the capacity of individuals to command scarce resources by virtue of their membership in networks or broader social structures."

Wieder andere Ansätze definieren Soziales Kapital über den Begriff der Reziprozität oder unterscheiden zur Schärfung des Begriffs zwischen relationalen Gütern und Statusgütern (beziehungsweise „positional goods"). Status- oder Positionsgüter schließen andere vom Statuserwerb aus, verteilen Positionen hierarchisch, also asymmetrisch. So werden, wie man sagt, negative Externalitäten

119

erzeugt. Relationale Güter hingegen generieren Synergien, lassen alle Beteiligten Nutzenzuwächse erfahren: positive externe Effekte. Soziales Kapital kann beide Dimensionen bedienen, auch parallel, aber nicht im gleichen Milieu. Manche Autoren nennen „positive Externalitäten das konstituierende Element von sozialem Kapital in Netzwerken".

Zivilgesellschaft und Soziales Kapital

Wenn wir den Begriff der Zivilgesellschaft verwenden, sprechen wir, ohne uns dessen immer hinreichend zu vergewissern, im Kontext einer Zivilisationstheorie, die Zivilisationsentwicklungszustände vergleicht. Manche Autoren halten nur jene Interpretation des Sozialen Kapitals, die positive Externalitäten generiert, für zivilisationstauglich. Die negative Externalitäten produzierende Statusgewinnung entwickelt hingegen ein Soziales Kapital, das der demokratischen Dimension der Zivilgesellschaft nicht gerade entgegenkommt.

Wir müssen noch eine weitere Dimension einführen, um die Asymmetrie, die Status- oder Positionsgüter erzeugen, in eine zivilitätstaugliche Form zu bringen. Hegel spricht von Anerkennung, die sich die Bürger gegeneinander schulden. Das wäre eine Form der Reputation, die auf Gegenseitigkeit statt auf Exklusion beruht. So ähnlich lasen wir es bereits – als spezifische Netzwerkperspektive des Sozialen Kapitals. Die andere Perspektive, Soziales Kapital über Reziprozität zu definieren – wie sie etwa Armin Falk vertritt –, böte eine Lösung: reziproke Anerkennung.

Über diese Volte kämen wir wieder Putnams Konzeption von „Social Capital" näher, die der zivilgesellschaftlichen Konzeption näher steht. Nicht nur, dass Putnam 1993 bereits zentral von „Civicness" – etwa: Entwicklungsstand der Zivilgesellschaft – spricht, sondern dass in seiner Nachfolge bei anderen Autoren Soziales Kapital wesentlich „als das Ausmaß freiwilligen öffentlichen Engagements beziehungsweise der Dichte freiwilliger Vereinigungen zur Verfolgung gemeinsamer Interessen" aufgefasst wird. Panther nennt sie explizit die „zivilgesellschaftliche Perspektive auf Soziales Kapital".

Eine solche Kennzeichnung umfasst allerdings nicht alle Aspekte der Zivilgesellschaft, sondern schränkt sie ein auf Vereine, Verbände, freiwillige Assoziationen und vergleichbare Gruppierungen, die in der bürgerlichen Gesellschaft entstehen: auf bekannte soziologische Muster. Man kann das als Stabilisation von informellen Institutionen beschreiben. Es fehlt allerdings die politische Dimension der Zivilgesellschaft. Es geht dann nicht mehr nur um Gruppen und Vereine, sondern um Kooperationen. Denn eine Perspektive, die das Soziale Kapital als eine spezifische Humankapitalbildung im Zwischenreich zwischen

Deshalb ist Zivilgesellschaft in Deutschland ein Projekt: etwas, das man institutionalisiert, um es innerhalb der Arena dieser Institution zu lernen.

Markt und Staat ansieht, ignoriert die Schnittstellen, die sich zwischen Bürgern und dem Markt wie zwischen Bürgern und dem Staat ergeben – und diese stellen die interessanteren Dimensionen der Zivilgesellschaft dar. Es geht dann nicht, sozialontologisch, um den Ort des Sozialen Kapitals zwischen Markt und Staat, sondern um den Prozess der Bildung Sozialen Kapitals, der Einfluss nimmt auf die Schnittstellen zum Markt und zum Staat.

Überhaupt ist, modern, die Frage nach dem Gemeinsinn nicht eine Frage nach anthropologischen Invarianzen, sondern nach gesellschaftlichen Konstruktionen, die entweder de facto neue soziale Beziehungen herausbilden oder Arenen bilden, innerhalb derer konkret eingeübt werden kann, was Soziales Kapital ist. Es geht um Praxis, nicht um Attitüden. Und um Praxis, die neue Attitüden sozialer Praxis ausbilden kann.

Zivilgesellschaft als Projekt

John Keane hat den Begriff der „Civil Society" als eine idealtypische Kategorie beschrieben, „that both describes and envisages a complex and dynamic ensemble of legally protected non-governmental institutions that tend to be non-violent, self-organizing, self-reflexive, and permanently in tension with each other and with the state institution that frame, constrict and enable their activities". Der deutsche Historiker Jürgen Kocka hat diesen Gedanken aufgegriffen und zusammengefasst: „Zu ‚Zivilgesellschaft' gehört ein hohes Maß an gesellschaftlicher Selbstorganisation, zum Beispiel in Vereinen, Assoziationen und sozialen Bewegungen, mit entsprechenden Ressourcen wie Kommunikations-fähigkeit, Bildung und Vertrauen."

Zivilgesellschaft war bis zur Mitte des vorherigen Jahrhunderts in Deutschland abschätzig verwendet worden, in Distanz zur Militärgesellschaft. Später wurde Zivilgesellschaft mit Demokratie konnotiert. Wir haben keine eigene Begriff-lichkeit für das Spezifische der „Civil Society"; der Versuch, dies Spezifische über den Begriff der „Bürgergesellschaft" zu fassen, ist nicht gelungen. Für Deutsch-land ist die res publica, in der die Politik sozusagen die Sache des Volkes ist, durch repräsentative Demokratieverfahren stabilisiert. Ein weiter gehender Be-darf der Selbstorganisation der Gesellschaft, der ja ein loseres bis distanzierte-res Verhältnis zum Staat implizierte, ist nicht auszumachen. Politik ist (noch) nicht Politik der Bürger, sondern der Regierungen, die dem Staat zugeschrie-ben werden, nicht der Gesellschaft selbst.

Deshalb ist Zivilgesellschaft in Deutschland ein Projekt: etwas, das man institu-tionalisiert, um es innerhalb der Arena dieser Institution zu lernen. Die Ver-fassung der Bundesrepublik Deutschland ist eine solche Institution. Aber das Vertrauen in die bürgerliche Selbstständigkeit und Verantwortlichkeit ist noch unentwickelt, das zur Zivilgesellschaft gehörige Soziale Kapital noch nicht sehr groß.

Teilhaber des Sozialen Kapitals sind Teilnehmer an Kooperationsprojekten

Kenneth Arrow hatte die „Social Capital"-Diskussion mit der Frage bereichert, ob man anstelle des vielschichtigen Sozialen Kapitals nicht besser unterschied-liche Formen sozialer Interaktionen analysieren möge. Josef Wieland hat Arrows Vorschlag aufgenommen und spricht von Kooperationsprojekten. Teil-haber des Sozialen Kapitals sind Teilnehmer an einem Kooperationsprojekt, die auf individuelle Rechte und unbeschränkte Handlungsfreiheit verzichten (frei-willige Selbstbeschränkung). Wieland schreibt: „Dieser Verzicht ist die Erfolgs-voraussetzung des Kooperationsprojektes. Mehr noch: Der kollektive Akteur konstituiert sich gerade nicht durch die Summierung aller in ihm vertretenen individuellen Handlungspräferenzen, sondern durch deren Einschränkung." Wir haben es nicht mit einem Aggregationsproblem zu tun, sondern mit spezifischen institutionellen Designs beziehungsweise Restriktionendesigns. Deshalb kann Wieland auch von einer Tugend kollektiver Akteure sprechen: „Kollektive Akteure setzen die Lösung von Kooperationsproblemen voraus, und die Moral kollektiver Akteure emergiert in diesem Zusammenhang. Gelingende Moral ist ein Prozess der wechselseitigen Attributierung von moralischen Ansprüchen und Akzeptanz dieser Ansprüche, der ein Interesse an Kooperation voraussetzt. Nur in diesem Prozess konstituieren sich moralische Akteure."

In solch einen differenzierenden Institutionenansatz kann das Konzept des Sozialen Kapitals nur bedingt integriert werden. Soziales Kapital lässt sich nur in Akkumulationsgraden unterscheiden, nicht aber in differenten Interaktionsformen oder institutionellen Designs, die differente Kooperationsmuster markie-

Gemeinwohl legt die Restriktionen fest, die alle gemeinsam nach unten befürworten – den „Minimal Level of Welfare".

ren. Allen gemeinsam ist die Generierung von Kooperationsrenten (oder positiven externen Effekten), aber die Modalitäten, auf die es bei der Entstehung und vor allem Stabilisation der Kooperationsrenten ankommt, sind oft so verschieden, dass sie nur als Spektrum hochdifferenter Muster und Kooperationsformen dargestellt werden können. Es gibt demnach nicht ein mögliches Sozialkapital, sondern viele verschiedene.

Diese Dimension konfligiert aber mit der tradierten Gemeinsinn-Rhetorik. Die Bürger haben diverse „Shared Mental Models", aber keinen zentralen Gemeinsinncode. Überhaupt ist der Gemeinsinn nicht als gemeinsame Auffassung über das gute Leben, die gute Politik oder die angemessene Wohlfahrt anzusehen, sondern als „Shared Mental Model" über die Restriktionen, die man sich gemeinsam auferlegt, um unterschiedliche Leistungsziele anzuvisieren. Oder paretianisch definiert: Das Gemeinwohl legt die Restriktionen fest, die alle gemeinsam nach unten befürworten – den „Minimal Level of Welfare", unterhalb dessen sich kein Bürger befinden sollte, aber nicht die gemeinsamen Ziele, die

123

folglich nach oben offen sind. Denn alle Gemeinwohlvorstellungen, die festlegen wollen, was das gemeinsame Ziel sei, fordern Kompensation bei Nichterfüllung – auch im oberen Wohlfahrtsbereich.

Soziales Kapital ist kein Substitut für Wohlfahrt; es ist, als Aggregatbegriff eingesetzt, nun selber zu disaggregieren. In diesem Sinne ist das Soziale Kapital ein Name für ein Set von differenten „Communities", die selber jeweils verschiedene Netzwerkqualitäten, Normen, Vertrauensinklusionen haben, moralische wie nicht moralische. Individuen nehmen an vielen dieser „Communities" teil; es gibt keine exklusiven Normen, weil es nicht – oder nicht wesentlich – auf den normativen Gehalt ankommt, sondern auf das Kooperationsdesign, das Anreize schafft, die jeweilige Kooperation vorteilhafter zu finden als Zustände der Kooperationslosigkeit. Moral, Tugenden und starke Normen können dabei Transaktionskosten senkende Funktionen haben. Wenn wir diese Instanz „Soziales Kapital" nennen – eine kommunizierbare Praxis der Kooperation, deren Kooperationsgewinne alle Teilnehmer vermuten oder in der alle Teilnehmer ein „Shared Mental Model" zu haben glauben, das jederzeit wieder aufrufbar ist und das vor allem lernbar ist –, dann reden wir von einer formellen oder informellen Institution, die stärker strukturiert ist als eine Netzwerkstruktur (in ihren

> Zivilgesellschaft hat im Grunde aber einen erweiterten politischen Anspruch, und zwar als Politik der Bürger nicht nur im Moment der Wahlen, sondern parallel zum laufenden Politikprozess.

mehr oder minder losen Kopplungen). Sie ist als Restriktion von Präferenzen konstruiert, nicht als Aggregation von Präferenzen. Soziales Kapital dieser Form ist restriktiv, präferenzeinschränkend, weil der Kooperationsgewinn nur über Selbstbindung generierbar ist. Das „Shared Mental Model" ist Gemeinsinn im Sinne eines mentalen Modells der kooperationengenerierenden Restriktion. Es ist gewissermaßen ein gemeinsam anerkannter Rahmen: als Grenze der Handlungsindividualität und -freiheit, zur Produktion von Gemeinsinn.

Neue Formen der Politik: 2nd Order Policy

Zivilgesellschaft ist – in Deutschland – ein Transitionsthema. Im Grunde wird die Zivilgesellschaft an die Politik delegiert. Zwar ist Zivilgesellschaft das geschichtlich spät ausgebildete Bewusstsein der Bürger, dass der Staat eine „Agency" ist in deren Auftrag: als deren „Principality". Politik ist dann ein Monitoring- und Supervisions-Prozess. Die „Governance" der Regierungen ist eine hypothetische Politik, die mit Macht ausgeführt wird bis zu dem Punkt, an dem sie revidiert wird, durch Auswechslung des personalen Inventars der Regierung durch Wahlen. Dieses Konzept – das klassische demokratisch-repräsentative Verfahren – reduziert die Zivilgesellschaft aber auf einen Schwellenprozess, der alle vier Jahre abläuft und von Medienkommunikation begleitet wird. Die Aktivitäten der Bürger werden auf transpolitische Arenen gedrängt.

Zivilgesellschaft hat im Grunde aber einen erweiterten politischen Anspruch, und zwar als Politik der Bürger nicht nur im Moment der Wahlen, sondern parallel zum laufenden Politikprozess. Das bedeutet aber: nicht nur parallele Medienkommunikation, sondern parallele Interventionsmöglichkeiten. Qualifizierte Interventionen sind zum einen Mitplanungen durch „Political Net Communities" (Bürger/Politik/Verwaltungen in einem Planungsnexus), zum anderen Politikabstimmungen während der laufenden Legislaturperiode. Die Legislaturperioden, in denen allein die Regierungen entscheiden, werden aufgehoben und einem neuen, schweizerischen Prozess der Politikvorbereitung und Volksabstimmungen überstellt. In diesem Prozess werden die Bürger politischer, weil sie sich ständig informieren und abstimmen sollen. Die Qualität der Politik, der sorgsamere Umgang mit Macht, nimmt zu.

Die klassische Form der Demokratie, ihre repräsentative Form, erscheint jetzt als eine Phase in einem erweiterten Zivilisationsprozess. Der „Degree of Civicness", um an Putnam zu erinnern, ist noch nicht ausgeschöpft. Die repräsentative Demokratie lässt sich als eine Führungsdemokratie interpretieren, in der das Zutrauen, dass „die Massen" politikfähig wären, noch unentwickelt ist. Mit der inzwischen erreichten Gewöhnung an demokratische Verfassungen wachsen Bereitschaft wie Fähigkeit, Politik selbstbewusster als „the people's own thing" zu begreifen. Es gibt, nach Richard Rorty, keinen anderen Modus der

Gestaltung unserer Lebenszusammenhänge als den temporären oder kontingenten Konsens, den wir in unseren demokratischen Politiksystemen erreichen. Rortys Hinweis ist ein Hinweis auf Kooperation, wenn auch als temporäre Bindung. Der Konsensus ist eine Form der freiwilligen Selbstbindung, die wir so lange anerkennen, wie wir sie anerkennen. Die Perioden der Geltung regelt ein Verfahren – die Wahl, nach schematisch meist vier Jahren. Nun mag die Geltung schon früher schwinden, aber erst nach der Verfahrenszeit wird das Personal gewechselt beziehungsweise neu gewählt.

Politik und Bürger: „Agency" und „Principals"

Ein systematisches Argument kommt hinzu: In einer Wissensgesellschaft kann sich die Politik als „Agency" nicht mehr erlauben, das Wissen der Bürger – der „Principals" – über ihre Lebenswelten zu ignorieren. Es kann als Mitplanung und als Mitentscheidung eingeholt werden. Dafür bedarf es neuer politischer Arenen der Kommunikation, der Planung und der Entscheidung, die möglicherweise die Parteien überflüssig machen, weil wir direkte Beziehungen herstellen.

Diese neuen politischen Arenen, die nicht identisch sind mit dem makropolitischen Demokratieverfahren der Wahl, existieren längst, sind in dieser Form aber konventionalisiert oder verschüttet oder makropolitisch überformt. Beispiele sind die Kommunen und der unmittelbare eigene Lebenszusammenhang. Samuel Bowles und Herbert Gintis sprechen von „Community Governance", abseits von Markt und Staat. Wir hatten schon darauf hingewiesen, dass sie das Soziale Kapital durch „Community" substituiert wissen wollen. Generell ist dieser Anspruch zurückzuweisen, weil er das Spektrum der Kooperationsformen unnötig auf eine Untermenge einschränkt. Im Fall der „Civil Society"-Debatte hingegen ist ihr Hinweis mehr als nützlich, weil sie konkrete Arenen angeben, in denen sich Soziales Kapital entwickeln kann.

Der Nutzen, in der Arena der Politik Entscheidungen mitzubestimmen, ist höher, als passiv nur Kostenträger zu sein. Damit ist nicht garantiert, Nutzen zu realisieren, aber das allgemeine Wissen, wie schwierig es ist, zu allgemein akzeptierten Entscheidungen zu gelangen, wächst – und relativiert die eigenen

Ansprüche. Das wird, auf Dauer, der bedeutsamste Lerneffekt sein: Minimierung der Ansprüche, Legitimierung von Investitionen ins Soziale Kapital.

Häufig wird der Begriff der Zivilgesellschaft mit dem Begriff der Bürgertugenden in Zusammenhang gebracht. Diese Konnotation von Zivilgesellschaft ist nur dann zielführend, wenn die Lernarenen angegeben werden, in denen die Tugenden ausgebildet werden. Und wenn geklärt ist, in welchen „Institutional Settings" die so erworbenen Tugenden stabil bleiben können, das heißt institutionelle Qualität bekommen (als „Shared Mental Models" der Bürger). Mein

Der Nutzen, in der Arena der Politik Entscheidungen mitzubestimmen, ist höher, als passiv nur Kostenträger zu sein.

pragmatischer Vorschlag zielt nicht auf soziale Bewegungen ab, die sich in Deutschland als zu flüchtig erwiesen haben, um Struktur zu bilden, sondern auf einen parallel laufenden Prozess, den der Staat nicht zuletzt deshalb vollziehen muss, weil die Europäische Union es verlangt: eGovernment. Ich verwende ausdrücklich diesen Ausdruck und nicht den näher liegenden der fortlaufenden Demokratisierung, weil es nicht um Reorganisation der Herrschaft geht, nicht um Emanzipation, sondern um Kooperation: um neue Formen der Kooperation der Bürger mit der Regierung, der Verwaltung und untereinander.

eGovernment als Erhöhung der „Civicness"

Das scheint eine Verschiebung des Themas zu werden, aber das täuscht. eGovernment wäre völlig technizistisch missverstanden, wenn es als Einführung der IT in die Verwaltung und Politik verstanden würde. eGovernment hat mehrere Dimensionen: Erstens die Dimension der Verwaltungsmodernisierung; zweitens steht hinter eGovernment die Einführung von Netzpotenzialen in eine gegeneinander isolierte Themenstruktur; und drittens öffnet eGovernment die Dimension auch einer neuen politischen Struktur. Zum einen als eVoting oder eDemocracy, zum anderen als Mitplanung von Politik- und Entscheidungsprozessen. Um die Relevanz von eGovernment einschätzen zu können, ist eine demokratietheoretische Erklärung nötig:

- Alle Bürger wählen Regierungen.
- Nach der Wahlkampfperiode überlassen die Bürger den Regierungen die Politik.
- Politikprozesse verlaufen nicht als Kopien der Wahlankündigungen, sondern als „Bargaining" zwischen den dann beteiligten Interessenten.
- Interessengruppen, die nur Teile der Bürgerschaft umfassen, nehmen direkten Einfluss auf den dann laufenden Politikprozess. Sie sind – im Verfassungssinne – nicht legitimiert, für die Bürger zu sprechen. Ihre Interessenmitsprache beruht auf dem Ausschluss vieler anderer Bürger, deren Interessen nicht oder nur grosso modo durch die Regierung vertreten werden.
- Interessengruppen haben die, verfassungsgemäß nicht vorgesehene, Chance einer zweiten Stimme – auf der Basis des Ausschlusses vieler anderer Bürger: „2nd Order Policy".
- Anstatt das abzuschaffen, ist die Ausweitung dieser „2nd Order Policy" zu empfehlen: nicht nur die Interessengruppen, sondern alle Bürger in den Politikprozess propter hoc intervenieren zu lassen: durch eDemocracy zum Beispiel.
- Die Bürger werden, wie in der Schweiz, stärker politisiert und argumentativ aufgewertet, und sie haben regulative Politkompetenz.
- So entsteht eine Lernarena „Civil Society", in der die Bürger ihre Gesellschaft als ihre Sache zu begreifen lernen.

eGovernment ist der Name für einen schnellen und breiten Zugriff auf Politikprozesse, ohne aufwendige Wahlen und andere Zeit raubende Prozeduren. eGovernment ist ein ökonomisches Medium der Politik bzw. genauer: der Wiedereinführung der Politik in die Politik.

Die Ökonomie der Zivilgesellschaft

Doch bleibt hier noch unklar, was wir die Ökonomie der Zivilgesellschaft nennen könnten – möglicherweise eine neue Formation einer politischen Ökonomie. Wie könnte diese aussehen? Zwei Fragen müssen gestellt werden: Welche Ressourcen stehen zur Verfügung oder müssen entwickelt werden? Welche Kooperationschancen bestehen? Beide Fragen sind Fragen aus einem institutionen-

ökonomischen Theoriekomplex. Die erste Frage fragt nach Knappheitszustän-
den, die zweite nach positiven Anreizen: nach Transaktionen oder, allgemeiner,
nach Transagilität.

Die Frage nach den Kooperationschancen lässt sich einfacher beantworten: Die
Bürger tragen die Entscheidungen der Politik mit, wenn sie an ihnen beteiligt
sind. Sie lernen, Anforderungen auf Kosten hin zu übersetzen, um – bei knap-
pen Budgets – Alternativen genauer abzuwägen als je zuvor. Kooperationschancen sind Politikchancen: Mitplanungen und Mitentscheidungen. Politikprozesse als Kooperationsprozesse zu verstehen und nicht lediglich als
Wahlprozesse, ist die Chance, hier ein Soziales Kapital zu bilden, das Vertrauen
und Verantwortlichkeit neu in die Politik einschreibt.

Politische Ressourcen der „Civil Society" sind informierte und wissende Bürger.
Diese sind nicht einfach vorauszusetzen, sondern wiederum ein Produkt der Kooperationschancen generierenden Prozesse. Nicht die Bürger, die sich abstrakt
informieren, werden zu Ressourcen und Medien der Zivilgesellschaft – sondern
jene, die in Demokratieprozessen involviert sind, die Ein- und Abschätzungen
einfordern und brauchen. Zu den Ressourcen gehören nicht spezifisch ausgebildete Bürger-Individuen, sondern deren Netzwerkkompetenzen.

Netzwerke sind Wissensgenerierungsarenen. Die Bürger der neuen Zivilgesellschaft agieren in Netzwerken, um das Soziale Kapital ihrer neuen Bürger-
schaftlichkeit zu produzieren und anwachsen zu lassen. Das Soziale Kapital be-

eGovernment ist der Name für einen schnellen und breiten
Zugriff auf Politikprozesse, ohne aufwendige Wahlen und
andere Zeit raubende Prozeduren.

steht dann im Zugriff von Netzwerkmitgliedern auf Kooperationsressourcen.
Hier passt wieder der oben bereits zitierte Satz von Portes: „Social capital refers
to the capacity of individuals to command scarce resources by virtue of their
membership in networks." Es wäre ungenau formuliert, wenn man die Redeweise vom „individuellen Zugriff" („command") so stehen ließe. Der Zugriff ist
möglich durch institutionelle Arrangements, etwa kommunale Planungs- und

Mitentscheidungsarenen, die im Internet eingerichtet sind. Die individuelle Handlung wird selber institutionell ermöglicht. Soziales Kapital braucht, wie oben ausgeführt, „Institutional Design".

Die politische Ökonomie der Zivilgesellschaft ist eine Ökonomie knapper Kooperationsressourcen, die nicht durch moralische Zuschreibungen, sondern durch Netzwerkaktivitäten alloziiert werden. eDemocracy-Netzwerke greifen natürlich auf IT-Netzwerke zurück; doch ist die eDemocracy nur eine der möglichen Formen kooperativer neuer Politikdesigns. Die Kompetenz, auf Kooperationsressourcen zugreifen zu können und neue Kooperationschancen zu generieren, ist ein spezifisches Merkmal von Zivilgesellschaften. Es ist eine Selbstreferenz der Kooperationschancen als Ressourcen: für weitere Kooperationschancen.

Die politische Ökonomie der Zivilgesellschaft ist eine Ökonomie des Sozialen Kapitals. Die Dimension des Sozialen Kapitals aber ist, gegen viele Konzepte, die im Umlauf sind, ohne Netzwerkdimension unvollständig. Es geht dann nicht um die Generierung kollektiver Identitäten, sondern um die Generierung und Nutzung kollektiver Varietäten und Diversitäten. Netzwerke koppeln Beziehungen, die sui generis unwahrscheinlich sind. Sie erhöhen die Kooperationschancen einer Gesellschaft, hier vornehmlich: ihrer politischen Koalitionierungen.

Jene Zivilgesellschaften sind vorzuziehen, die mehr Kooperationschancen öffnen, das heißt mehr und komplexere Netzwerke generieren. Zivilgesellschaften sind, in dieser Diktion, Komplexitätsgeneratoren: immer eine Kooperationsoption mehr als man weiß. Infolgedessen geht es nicht um die freiwilligen Vereinigungen, wie Putnam hauptsächlich meint und moniert, sondern um Kooperationsarenen. Die neue Qualität von Politik in der Zivilgesellschaft wird im Angebot an Kooperationsarenen bemessen. Dabei ist es unerheblich, auf wessen Initiative diese entstanden sind: Es geht eher um ihre soziale Wirksamkeit, nicht nur um ihre Legitimation.

130

Soziales Kapital und „Community Governance"

Um den Gedanken der Kooperationsarenen zu präzisieren, hilft ein Blick auf den Zusammenhang von Sozialem Kapital und der so genannten „Community Governance". Bowles und Gintis haben „Community Governance" wie folgt definiert: „Community governance is the set of small group social interactions that, with market and state, determine economic outcomes. We argue

• community governance addresses some common market and state failures but typically relies on insider-outsider distinctions that may be morally repugnant and economically costly;

• the individuals motivations supporting community governance are not captured by either selfishness or altruism;

• communities, markets and states are complements, not substitutes;

• when poorly designed, markets and states crowd out communities;

• some distributions of property rights are better than others at fostering community governance; and

• communities will probably increase in importance in the future."

„Community Governance" ist transformiertes „Social Capital", was mit dem oben eingeführten eGovernment-Konzept kompatibel ist. Bowles und Gintis fügen die „Community" in das Spektrum der sozialen Koordinationsformen zwischen Markt und Staat:

	Staat	**Communities**	**Markt**
Koordination	hierarchisch: asymmetrisch		heterarchisch: symmetrisch
Kooperation		netzwerkartig	

„Communities" können separat auftreten, wie in der Matrix: identisch mit tatsächlichen kommunalen Netzen, als Hybridform zwischen hierarchischen Unternehmensorganisationen und heterarchischen Marktkoordinationen. Es gibt Autoren, die die Hybride als Netzwerke interpretieren, zwischen Markt und Unternehmenshierarchie. Wenn wir diese Analogie übernehmen, bekommen wir diese „Communities" (Bowles/Gintis) deckungsgleich mit den Netzwerken von Herrmann-Pillath/Lies, die als „Social Capital" aufgefasst sind. Die „Communities", in ihrer netzwerkartigen Struktur, klappen von Koordination auf Kooperation um.

Der Gemeinsinn, den wir seit alters in der abendländischen Politikgeschichte bemühen, wird zu einem Kooperationsagens, das weder Markt noch Staat erübrigt, aber dazwischen eine neue Dimension entfaltet, die sich in vielfältigsten Formen erprobt. Allen Erprobungen gemeinsam ist eine Kooperationskompetenz, die über Kommunikation und Organisation öffentliche Güter erstellt, die

> Aber genau das macht das Sozialkapital aus: freiwillige und anerkannte Selbstbindungen einzuführen und pragmatischen Konsensus zu erzielen statt normative Gemeinsinnideologien vorzugeben.

weder der Staat noch der Markt zustande bekommen. Doch wäre es in einem deutschen Kontext, der durch Staatsbedienung konditioniert ist, unzulässig, auf einen numinosen „Dritten Sektor" zu hoffen, der sich selber organisiert. Die Kooperationsformen sind vielmehr einzuüben, das heißt, sie bedürfen institutioneller Voraussetzungen. Zudem sind sie weniger untereinander zu finden (Stichwort „Selbstorganisation") als vielmehr in den Interaktionskanälen zum Staat über eGovernment/eDemocracy und zum Markt in Form von „Public-Private-Partnerships".

Falk gibt einen Hinweis, der mit dem „Community"-Konzept von Bowles/Gintis ebenso einhergeht wie mit der hier vorgestellten eGovernment-Politik. Falk plädiert für eine spezifische Netzwerkvariante des Sozialen Kapitals, die über Reziprozität gesteuert wird. „Reziproke Individuen sanktionieren Normverletzungen und unkooperatives Verhalten und wirken damit disziplinierend auf potenzielle Trittbrettfahrer. Diese freiwilligen informellen Sanktionen setzen die Beobachtbarkeit von Fehlverhalten voraus. Diese Voraussetzung ist insbesondere in kleinen politischen Einheiten vorhanden, also in Gemeinden, Wohnvierteln und Vereinen. Es ist deshalb zu erwarten, dass insbesondere in kleinen politischen Einheiten öffentliche Güter und die Einhaltung sozialer Normen über informelle Sanktionen gewährleistet werden können. Das gilt umso mehr, als die Mitglieder kleinerer politischer Einheiten häufig wiederholt interagieren. [...] Kleinere politische Einheiten sind besser in der Lage, öffentliche Güter bereitzustellen und dem Missbrauch von öffentlichen Leistungen vorzubeugen [...]. Es könnte sich demnach lohnen, Gemeinden politisch aufzuwerten und ihnen in höherem Maße politische Kompetenzen sowie Einnahme- und Ausgabenkompetenzen zu übertragen."

Das Reziprozitätsargument – aus Axelrodts Tit-for-Tat-Spielen besorgt – basiert darauf, dass die Transaktionskosten bei der Überwachung der Normgeltung gesenkt werden. Doch wenn jeder über die Normeinhaltung wachen kann, sind zwar die Monitoring-Kosten niedrig, aber der Grad an Diversität nimmt ab und der Opportunismus nimmt zu, mit Folgen für die Lebensqualität in solchen hoch normierten Arenen in liberalen Gesellschaften. Hier beginnen wir, uns in Grauzonen der Liberalität und Diversität zu bewegen. Aber genau das macht das Sozialkapital aus: freiwillige und anerkannte Selbstbindungen einzuführen und pragmatischen Konsensus zu erzielen statt normative Gemeinsinnideologien vorzugeben.

Dieses Verständnis von Gemeinsinn mag konventionellen Überzeugungen von Gemeinsinn widersprechen. Mit Gemeinsinn, so meine These, kann man nur klein anfangen: als „Change of Communities", die Muster ausbilden für andere „Communities". Solange der Gemeinsinn so klein dimensioniert ist, ist er noch nicht allgemein. Hören wir auf, makropolitisch von neuem Gemeinsinn zu reden, und beginnen wir, mikropolitisch neue Muster zu stricken, die sich dann als ein Netz stabilisieren und interferieren.

Literatur   Arrow, Kenneth: Observations on social capital, in: Dasgupta, P./Serageldin, I. (Hg.): Social Capital: A Multifaced Perspective, Washinghton, D.C. 2000.– Bowles, Samuel/ Gintis, Herbert: Social Capital and Community Governance, in: The Economic Journal, Nr. 112, Nov. 2002, S. F419 – F436. – Coleman, James: Foundations of Social Theory, Cambridge, Mass./London 1990. – Falk, Armin: Reziprozität und Sozialkapital, in: UNIVERSITAS, Nr. 675, Jg. 57 (2002), S. 936–946. – Fukuyma, Francis: Trust – The Social Virtues and the Creation of Prosperity, New York 1995. – Herrmann-Pillath, Carsten/Lies, Jan J.: Sozialkapital – ein öffentliches Gut?, in: sociologia internationalis, Bd. 39, H.1 (2001), S. 43–65. – Jansen, Stephan A./Priddat, Birger P.: Electronic Government – neue Potenziale für den Staat, Stuttgart 2001.– Keane, John: Civil Society, Cambridge 1998. – Kocka, Jürgen: Zivilgesellschaft. Zum Konzept und seiner sozialgeschichtlichen Verwendung,

in: Kocka et al.: Neues über Zivilgesellschaft, Arbeitsgruppe Zivilgesellschaft, WZB 2001.–
Münkler, Herfried/Fischer, Karsten (Hg.): Gemeinwohl und Gemeinsinn, Berlin 2002. –
Panther, Stephan: Sozialkapital, in: Ötsch, W./Panther, St. (Hg.): Ökonomik und Sozial-
wissenschaft, Marburg 2002, S. 55–76. – Portes, Alejandro: Economic Sociology and the
Sociology of Immigration, in: derselbe (Hg.): The Economic Sociology of Immigration, New
York 1995. – Putnam, Robert D.: Making Democracy Work, Princeton 1993. – Putnam,
Robert D.: Bowling Alone: The Collapse and Revival of American Community, New York/
London 2000. – Rorty, Richard: Der Vorrang der Demokratie vor der Philosophie, in: der-
selbe: Solidarität oder Objektivität?, Stuttgart 1987, S. 82–125. – Wieland, Josef: Die Tu-
gend kollektiver Akteure, in: derselbe (Hg.): Die moralische Verantwortung kollektiver
Akteure, Heidelberg 2001, S. 22–40.

Prof. Dr. **Birger P. Priddat**, Studium der Volkswirtschaftslehre
(Promotion). Berufstätigkeit in den Bereichen Maschinenbau und
Unternehmensberatung; wissenschaftliche Tätigkeit in Hamburg
und Wien. Seit 1991 Lehrstuhlinhaber für Volkswirtschaft und
Philosophie an der Universität Witten/Herdecke; 1995–2000 Dekan
der wirtschaftswissenschaftlichen Fakultät. Zahlreiche Veröffentlichungen zur Wirtschaftsethik, zur Theoriegeschichte der
Ökonomie, zum Arbeitsbegriff sowie zur Rolle und Funktion des
modernen Staates. Zuletzt veröffentlicht: „Nachlassende Bildung"
(2002), „Theoriegeschichte der Ökonomie" (2002).

Die Aufgabenverteilung zwischen Politik und Wirtschaft scheint klar: Die Politik kümmert sich um Demokratie, die Wirtschaft um Wachstum, und gelegentlich tun Unternehmen zusätzlich Gutes in sozialen Bereichen. So eindeutig sei die Arbeit nicht verteilt, meinen Peter L. Berger und Ann Bernstein. Ihr Ansatz von „Invisible Corporate Citizenship" profiliert Unternehmen als Motoren der Demokratie – auch und besonders dort, wo der Staat aus unterschiedlichen Gründen die gesellschaftliche Entwicklung aus dem Blick verliert. Im ersten Teil des Beitrags erläutert Peter L. Berger diese Sichtweise, anschließend macht Ann Bernstein den Ansatz anhand des Länderbeispiels Südafrika greifbar.

Business and Democracy

Corporations as Drivers of Development

Peter L. Berger/Ann Bernstein

If you live long enough, everything comes back again. Those of us old enough to remember the late 1960s and the 1970s have an eerie sense of „déjà vu" as we observe the currently burgeoning anti-globalization movement. There are, of course, the aging veterans of those earlier campaigns, presumably trying to relive their youth. But there are also their children, in some cases perhaps even grandchildren, mouthing the same slogans, using the same street-fighting techniques, even displaying the same pseudo-proletarian uniforms. There are some ideological differences between the old campaign and the new. But there is an impressive continuity in terms of the basic worldview. An important, possibly the most important ingredient of this worldview is a profound aversion to capitalism (even if today that aversion is less frequently expressed in overtly Marxist rhetoric). Business is perceived as an evil force, especially big business, and especially as it impinges on developing societies.

Business is usually not very good at defending itself in the battle of ideas. This might not be surprising: If business people were good at ideas, they would have become professors. But, even conceding this point, it is somewhat surprising how timidly corporate executives react to any attacks. It seems that three guys meeting in some garage, equipped with a modem and a cell phone, can intimidate a multinational corporation, whose executives will politely invite them for an exercise in „dialogue". Business even has the distressing propensity to fund its enemies, which some might understand to be Machiavellian cooptation, but which I think is better understood as a failure of nerve.

This is not the place to speculate on the reasons for this counter-intuitive behavior. (I suspect that it has much to do with the pervasiveness of elite culture: That culture is anti-business and even business people are influenced by that culture – if not personally, then indirectly by way of guilt-prone wives, rebellious children and, last but not least, clergy with delusions of political relevance.) Be this as it may, business can use some help in the marketplace of ideas.

Business takes responsibility: two lines of argument

When business or its advocates make the case in its favor, two lines of argument are typically deployed. The first argument is based on the role of business in generating wealth: even if initially capitalist development does not benefit everyone and is even likely to increase inequality, eventually nearly everyone gains from

> Three guys meeting in a garage, equipped with a modem and a cell phone, can intimidate a multinational corporation.

the new wealth produced by business activity. The argument has been rather elegantly summed up in the phrase „a rising tide raises all ships". The critics have derided the argument by using the term „trickle-down", meaning that only a few really benefit from the new wealth, but I think that the cases of successful capitalism in the developing world, such as in eastern Asia, demonstrate that, rather than „trickling down", the new wealth can come down like a flood.

The other argument is based on corporate philanthropy. Big business tends to engage in good works, funding health programs, education and the like. Whether this is done for reasons of self-interested public image or out of the goodness of its heart does not really matter. There is an impressive record of business trying to improve the social environment in which it operates, even if one may disagree with this or that effort. What one must also note, however, is that no amount of philanthropy is likely to silence the determined critics of business. They are likely to see corporate philanthropy as some sort of reparations: what business does is basically evil; its philanthropy is an inadequate attempt at atonement. It is thoroughly self-defeating if business goes along with this interpretation (as it often seems to, at least by way of implication).

It should be emphasized, then, that both arguments are essentially valid: business is indeed a gigantic wealth-generating force, which eventually benefits most people who come within its range. And business does indeed engage in good works that no one would want to quarrel with. What we are doing here, though, is to suggest a third line of argument which may be of some use.

The idea of „invisible corporate citizenship"

The idea, which we have baptized with the arguably unlovely name „invisible corporate citizenship", has a history that goes back a few years. One of the more ambitious collaborative projects between the Center of Development and Enterprise in Johannesburg, which Ann Bernstein directs, and the Institute for the Study of Economic Culture at Boston University, for which I am responsible, was a cross-national study of the role of business in processes of democratization. I could not possibly give you an account of the findings here. Essentially, we concluded that we could not endorse the idea, often promulgated in the rhetoric of American politics, that capitalism and democracy are two sides of the same coin, so that if you have one, you will get the other. Rather, the relationship between the two is more complex. Business induces processes of modernization, which in turn creates social conditions in which democracy may develop (though this development is not inevitable). One can also say that, both by its economic and social effects, business creates pressures toward democracy, often without intending this or even being conscious of it. What we concluded in terms of the goal of democracy is to suggest two (not three) cheers for business.

The study produced a number of papers, some dealing with specific countries, others dealing with more general topics. One paper was written by a long-time collaborator of both our two centers, Gordon Redding (who then was dean of the business school of Hong Kong and who now directs the Euro-Asia-Center at INSEAD, in Fontainebleau). Redding's paper focussed on the opening of the Shanghai stock exchange. He argued that, inadvertently, this event led to what he called a „thickening of civil society". After a while, we thought that „invisible corporate citizenship" was a better term to express what we had in mind.

The dimensions of „invisible corporate citizenship"

Here are some of the phenomena intended by this phrase: for business to function effectively, it requires a predictable and reasonably non-corrupt system of commercial law, which, once established, has a tendency to spill over into other areas of law. Business needs qualified professionals in a number of fields, such as brokers and accountants – these have to be trained and certified by trustworthy agencies, which are unlikely to be provided by government, thus leading to

> Employment by business tends to erode racial, ethnic and religious divisions.

the establishment of more or less independent, private educational and professional institutions. Business requires reliable und reasonably free media for communication of economically relevant information – these, of course, can exist even in the absence of general press freedom, but again there may occur a spill-over effect. Experience with employment in modern business changes people's expectations with regard to shaping their own future – a sense of empowerment which, again, may spill over into expectations of political participation; this effect becomes especially noticeable as the generation of new wealth brings into being a nascent middle class (the social locale of democratization par excellence).

Experience with employment in modern business tends to erode traditional gender and generational roles – women enter the labor force and redefine their relations with men, and both men and women develop a keen interest in the education of their children, who should be equipped for further upward mobility. Also, employment by business tends to erode racial, ethnic and religious divisions, as people from very different backgrounds have to work alongside and get along with each other. Overall, modern business fosters individuation – individuals freeing themselves from traditional constraints of kinship or tribe – a central consequence of modernization and ipso facto a development favoring democratic aspirations. In sum, even if one cannot propose that business directly or inevitably fosters democracy, one can propose that it strengthens institutions that are more and more independent of both traditional society and the state – precisely those institutions commonly called „civil society".

In China, of course, the state tries to stay in control of all these developments, but I think that even there one can observe how the hold of the state over the lives of individuals is relaxed as a modern business culture spreads. This does not mean that a democratization of China is around the corner. But, slowly and powerfully, there is a growing autonomy vis-à-vis the state of social formations directly or indirectly generated by business.

When the state wants to „help" the economy: one example

A negative example can illustrate this more clearly: In the 1970s I conducted a study for an Austrian research center; among other things, this involved an assessment of the so-called Ujamaa program in Tanzania. This was an attempt by the Nyerere regime to reorganize the economy by the principles of „African socialism". Later on it became clear that this was a recipe for economic catastrophe; at the time this still looked to many (including my Austrian sponsors) like a promising experiment. In fairness it should also be stated that the Tanzanian government was quite benign, certainly compared with some of its neighbors, and groups and individuals were persuaded rather than coerced to join in the Ujamaa program. In a conversation soon after my arrival I was told that the government had a generous scholarship program for gifted secondary school graduates; in exchange, the beneficiaries had to work for the government or so-called parastatal organizations for a number of years. This struck me as a fair arrangement, until the following incident: at a party in Dar-es-Salaam I overheard a conversation between the dean of the university and a woman who was editor of the

139

one English-language newspaper. Both were very pleasant individuals. The editor was trying to convince the dean to approve the transfer of a young man from a job in university administration to a job with her newspaper. I did not quite understand the conversation and I asked for an explanation. It was a simple matter, I was told. Both the university and the newspaper were parastatal organizations, the would-be transferee had been the beneficiary of a government scholarship and was thus obliged to work in a government-related job, and the transfer required the approval of this present employer. The full meaning of the incident only dawned on me when I realized, after some reflection, that there were no other desirable jobs for the young man – at least above the level of selling vegetables from a street-corner stall: all desirable social space was occupied by government or government-related organizations. The incident was, for me, an „aha experience" about the nature of even the most benign socialism. It is also relevant to the present topic.

What the idea of „invisible corporate citizenship" means is that business opens up social spaces in a developing society. If both the university and the newspaper had been private institutions, the conversation between the dean and the editor would have had a different context. Even if the young man still had a few years

> What the idea of „invisible corporate citizenship" means is that business opens up social spaces in a developing society.

of government-related service ahead of him, he could look forward to other options once this obligation had been fulfilled. He could work for a multinational corporation or a Tanzanian company, he could get a job in his uncle's construction company, or he could even try to get a loan to start his own business. Of course this would have increased his economic opportunities. But the availability of these other options would also have enhanced his sense of control over his own life, spilling over from the area of work to other areas of existence, eventually to the area of politics. These effects can be readily observed in developing societies in which modern business expands – dramatically so in China in recent years, even if that country is still a long way from democracy.

Ann Bernstein and I are trying to refine this idea for use in the public discourse of business, especially in the present context of renewed anti-business rhetoric. We have also developed the design for a cross-national research project, though as yet we have not secured the necessary funding.

South Africa: The role of business and „invisible corporate citizenship"

South Africa is a good example to explain what the concept of „invisible corporate citizenship" means. When the state became a democracy, one of the first things that happened was that South Africa held what has been called the „truth commission". One week was spent on the business community, and the role they had played during apartheid. This, I think, was not a very helpful session, and at one point in the hearings a business man in rather great frustration at the rather naive ideas being put forward eventually said: „Tell me, would you rather that Ernest Oppenheimer, founder of the Anglo-American Corporation – Africa's largest corporation, one of the largest gold-mining, diamond, platinum, and minerals companies in the world – would you rather that Ernest Oppenheimer had gone to Australia?" Well, nobody tried to answer that question at the hearings, and interestingly, I have not been able to find any academic in South Africa that would like to do this work, and really explore this in full detail. But if you look at South Africa in the context of other developing countries, you have to ask yourself why it is one of so few middle-income developing countries with a real chance of making it.

If you look at South Africa in relation to the rest of Africa, what you see is a society with a sound infrastructure, a large number of civil society institutions, the biggest stock exchange in Africa eleven times over, the largest airport in the continent, the retail shopping center for the continent, and cities that are world class. The telephones work, you can drink the water, and the facilities are excellent in many respects (though there are also large parts of the country with inadequate facilities). You have to ask, „why is South Africa different from the rest of Africa?" It is certainly not because it had an evil system of apartheid, which is rapidly receding into the past, to such an extent that it is difficult to find any white South African who ever voted for this system. South Africa is different from the rest of

141

Africa not because of its minerals; many countries have lots of minerals – in fact, they have been called by some analysts „the curse of development".

I think one of the key reasons South Africa is different is that Ernest Oppenheimer and many others like him came to South Africa – they did not go to Australia; and that business and the black and white South Africans who worked for those businesses have helped to build a strong and vibrant private sector with enormous capacity, relatively speaking. That capacity not only makes this country different from many other developing countries, but gives hope that this new democracy can make it.

In the following I want to define what „business" means; then I will discuss the role that business has played in three different phases of South African history.

Who is business?

So who is business? This term is used very loosely in public discourse, both in South Africa and globally, and it is frequently loaded with many, mostly negative, connotations. I think it is important to bear in mind that it can mean three different things. We can use business to refer to all individuals who share the activity of producing goods and services for profit. This ranges from the CEO of a large worldwide operating company to the immigrant owner of the corner grocery store. The second meaning of business can be representative organizations in a sector or across business generally in a particular country whose purpose it is to protect and promote the interests of business (the chamber of commerce and industry, or the German chamber of business in South Africa). And the third meaning is a very vaguely defined group of people called tycoons, or business leaders – essentially the owners and executives of the largest corporations. It is important to remember that business defines an activity, not a sector of society. People tend to think: there is government, and then there is business, as though these are equivalent entities. They do not understand that business is a very different, highly competitive, ego-driven activity area, which makes it very difficult to mobilise for collective action.

Having defined „business", I will now use the term very loosely in talking about business in South Africa, but still bearing in mind the points I made about definition.

Business during the apartheid era

It is useful to look at business in South Africa in three different periods: during the apartheid era, during South Africa's transition to democracy, where the outcome certainly did not look certain, and in what is now nearly the first decade of democratic rule.

During the apartheid era, from 1948 to about 1990, business actors did many things. Business organizations issued statements against racial discrimination. A few individual business leaders spoke out strongly against apartheid, individual companies provided bursaries for promising black children, leading large companies recognized black trade unions in the 1970s, long before the legal system or the politicians either wanted or urged them to do this. But like many other white, and in some respects also black South Africans, business people could have done much, much more to oppose the terrible nature and effects of the apartheid system.

Having said that, let me briefly deal with two very different but significant examples of business' role and its impact on society in this period. The one is an example of deliberate intervention by business players, and the second is an example of „invisible corporate citizenship" as we have defined it. The example of deliberate intervention is the organization founded in 1976 by English and Afrikaans business – the Urban Foundation. This became South Africa's largest NGO, and, as it found its feet, it started to play a very significant role in our society. It used the influence and power of business, not just its money, to help pioneer innovative ways of undertaking development in a developing society like South Africa's, and to push against key policy pillars of apartheid and towards a non-racial future.

Let me give you two examples. The Urban Foundation pioneered the whole concept of self-help housing in South Africa. Until then most South Africans thought that the state had to provide houses for everybody. The Urban Foundation put its money behind an experimental project showing that poor people in partnership with the state could contribute some of their own „sweat equity" to the process of building houses, and through this method one could provide better houses and help far more people. Once this worked, the Urban Foundation marketed this idea

143

to government, and helped lay the foundation stones for what has been democratic South Africa's very successful first phase of housing policy, probably unequalled in the delivery of such large numbers of houses in a very short time in the developing world (probably with the exception of Singapore and maybe Hong Kong) – a very profound, but strategic, contribution.

Another example of what the Urban Foundation did is to take key components of apartheid policy (such as influx control, the policy that controlled black people's movements into the urban areas of the country) and, first to the business lead-

> So business actually moved far ahead of the rest of the society in developing the forerunner of a non-racial society where black South Africans were playing a greater and greater role.

ers themselves show how irrational this policy was, counter to their own interests, and then develop the case for why the society should move away from that policy in its own interests. This deliberate intervention by business through the Urban Foundation was very successful and a key component in helping to push the apartheid government away from this central pillar of its policy.

My second example is what you could call the inadvertent and revolutionary role of business – totally unintended, I must add. Apartheid was a system designed to keep the races apart, to prevent black urbanization to the cities and towns, and to hold back the education of black people so that – in the terrible phrase adapted from the bible by the architect of apartheid – they would continue to be „the hewers of wood and the drawers of water", a very evil idea. But through the same period, the second half of the twentieth century, South African business increasingly came to rely on semi-skilled and skilled labor. And so business needed trained people. If you are going to put money into training somebody, you want

to know he or she is going to be around for the period of their working life. So business started to have an interest in stable urban labor, and business increasingly found that black people were essential to do work and undertake tasks which the law might say they could not. Increasingly, business was finding that black South Africans could in fact do things that white people could do, and could move into management positions.

Thus, business actually moved far ahead of the rest of the society in developing the forerunner of a non-racial society where black South Africans were playing a greater and greater role, and this happened in many different ways which were profound for a society as structured and held back as South Africa was.

The first places where black and white South Africans worked and ate together were in the companies where people were treated as individuals rather than as labor units – in the large companies. Companies led the way in South Africa in training South Africans, in promoting them, in integrating the workplace, in treating black South Africans as individuals, and in effect showing many white South Africans that actually they could function as a racially integrated society, and that black people were just like white people. And so, long before the immense political changes of 1994, business led the way.

This was not business' intention at all. They were interested in surviving as companies in difficult circumstances and making profits. But in the process of doing business, they were having a profound impact on a particular society.

The role of business during South Africa's transition to democracy

From the late 1980s and especially once Nelson Mandela was released from prison, every single pillar and assumption of South African life was up for discussion, and the terms of a new society were subject to heated debate. During this period, South African business played a number of very important and different roles, most of them deliberate and very visible.

During a democratizing period from an authoritarian state to a democratic one, business can be a source of alternative policy generation, either in issues the company deals with itself, or through funding organizations like the Urban Foundation or the policy think tank I run today. Business can also be a source of realism and pragmatism concerning development. At a heady time of change, the new government dominated by the African National Congress very understandably wanted to change everything as quickly as possible. Business was in a position to provide some pragmatic realism to the change process and make an important contribution to the many successes that have been achieved since 1994 in many areas of policy.

It is important to appreciate that the concept of „development" in South Africa and elsewhere is a concept that has been captured by the left. So development is what NGOs do, and it is the public provision of social goods, and then there are these funny people called business, who do something else – generally greedy and exploitative – and they must atone for that. In fact, development is what business does in many respects. This is an important pillar of what we are saying. Who „owns" this concept of „development" and how it is interpreted and communicated is a critical part of the battle of ideas where business has not been very successful.

And so during this transition period, business was in a position to offer alternative concepts of how to deal with poverty and inequality in South Africa, and was more or less successful in different areas of newly evolving policy. There was this whole question of institutional capacity – the old state was withering away, the apartheid state had no legitimacy anymore, but we did not yet have a democrat-

> In the transition period, business acted as the neutral civil service for the negotiating parties for some four years – a remarkable role, trusted by both sides.

ic state, we were a society in limbo. In this period, business acted as the neutral civil service for the negotiating parties for some four years – a remarkable role – trusted by both sides, or the least not-trusted of anybody. Business played a critical role in negotiating and implementing with others a national peace accord. In times of transition there is always a lot of civil unrest, violence and crime, and business helped to negotiate what the rules should be – when one side does not trust the police force, how do we go about trying to institute order? There were peace committees throughout the country, in which businesses in local communities were asked by local communities with many very alienated and mobilised young people – the very groups now coming into power – if they would chair these peace committees and help establish law and order: a very important role.

Business also played a significant and substantial role with respect to South Africa's first democratic election. To handle the new elections, South Africa had to set up a new independent institution, the independent electoral commission, which was created to design and manage the country's first ever democratic election, involving some 20 million voters. Understandably, the capacity problems of this institution were enormous. What many people do not know about is the extensive role played by business. They helped enfranchise millions of workers in the workplace, registering them to vote; they helped run voter education programs for virtually all formally employed people; they ran important parts of the election machinery, including voter stations. At a critical moment, when the question was „how do we get ballots to every single part of a very large country?", it turned out the people with the best distribution network in the country were the beer and cold drink suppliers who knew every little corner shop throughout South Africa; they said „fine, we'll distribute the votes, we'll get them out in time". Then business intervened at critical moments, providing expertise and capacity with great speed when both the election itself and vote counting threatened to fall apart. All in all therefore the business sector in South Africa played a very interesting role in contributing to the success of South Africa's first democratic election.

Business in South Africa today

What about today, the first decade of democratic rule? In South Africa, as in most other countries, the role of business has moved closer to center stage in the past decade. This has occurred as a result of globalization, trends toward privatization, increased understanding of the limits of what the state can deliver, and the huge growth in the significance of foreign direct investment relative to traditional government-to-government development aid.

There is a large and complex story to tell on the business contribution to the first decade of democracy. It is not possible to do this comprehensively in this article. **147** Let me give you some ideas of what is happening. In terms of deliberate interventions, business has established something in addition to company-level corporate social responsibility budgets. Business has established a new institution called the Business Trust. This is a partnership with government that involves over 145 companies, and they have committed just under one billion Rand over a five-year period. As it turns out, the government has committed a similar amount to Business Trust projects, so that the initial business money has been leveraged to mobilise government money as well. The projects range from a large-scale involvement in tourism – to help make South Africa a really competitive international tourism market, and in the process to encourage small black businesses to take advantage of this – to (I'm sure to the delight of environmentalists in the northern hemisphere) reintroducing DDT spraying in order to help deal with malaria – absolutely essential for Africa.

With respect to education, Business Trust money is going into redesigning our technical college system – very important for the country – working with 500 secondary schools on maths and science education and expanding a very successful NGO project: building and equipping libraries in formerly black, disadvantaged schools and teaching librarians and teachers how to use these libraries. There are many other examples of what business is doing. It is interesting to note that probably because South African business has been under such remarkable unusual pressures in the last three decades, its response has been unusual; not only with these kinds of institutions, but when we look at the amount of money business is putting into corporate social investment, it compares very favorably with the country that leads in this respect, which is America. But we do not have the tax incentives they do, so business is contributing considerable resources and doing this without the tax incentives found in America or Canada.

Specific examples for invisible corporate citizenship

But there are some other things that business is doing. They fall more into the category of „invisible corporate citizenship" Peter Berger and I have been starting to develop. Let me give you one or two examples. In most African societies,

and Latin American I would imagine, if you are a nationalist politician and you lose out – somebody else gets the top jobs and you do not – generally your response has been to go out and organize a coup. In South Africa what happens is you lose the top political job, and you go and join business, and you generally get very rich

because at this stage of our development we are looking to promote black business men and women in one way or another. So here is an example of the space
that having a big business community creates outside the state, a very important
potential for democratic consolidation.

Another example: We recently did some interviews with successful black South
African professionals, and one woman who was very successful made a fasci-
nating observation about herself. She said, „when I go home to my village, I have
to be subservient to all the men – to my father in my father's house, to the chief
of the village – I have to perform in a certain way. But when I'm in town, and I'm
in my company, well then I'm equal to the men, and I'm struggling to reconcile

Business should become much more effective in communi-
cating the enormous and diverse contribution that it makes to
a society's development.

these two different parts of me." But you could see which one was starting to win,
and that illustrates the point we are making: business, not because it intends to,
but inadvertently, by treating people as individuals, has a dramatic impact on
gender relations, and probably how people will bring up their children, so the next
generation is affected as well.

My last example: We recently undertook research for a project on why South
Africa is very different from Zimbabwe – in a whole lot of areas, but particularly
with respect to the land issue. And what we found in South Africa was that the
market is redistributing land to black South Africans much faster than the state.
In other words, the state has a program to buy land and provide farms to black
South Africans as part of dealing with our discriminatory past, but in addition to
that, black South Africans, without any help from the state, are buying land on
the market. And they are buying better quality land, and it is taking place more
efficiently (in terms of quality of land redistributed and what happens to the land
once redistributed) than the state-driven process – a very interesting dynamic.
We also discovered, and this illustrates business and its actual and potential role
very clearly, an invisible revolution going on among corporations in the rural parts

of South Africa. Unbeknownst to anybody, they are redistributing more land to black South Africans than the state as well. They are training more black farmers, and they have already, and will over the next five years, distribute almost double the amount of state-redistributed land. This is a very interesting issue, but in typical business fashion, nobody knew about it. So, the state should be claiming this as its great success, because it has created the conditions where ordinary people and companies can play a very effective role in normalizing South Africa, but this is not happening, and business is not publicizing it.

Business people are often asked what they are doing to promote desirable social change, get rid of poverty and promote democracy. The implication is always that business should undertake actions specifically aimed at these processes. Fair enough. But it needs to be pointed out and stressed that business, by the simple fact of doing business, is having an important and profound social impact. Not just as a direct result of economic growth or the taxes corporations pay or the training businesses offer, but the impact is by „thickening" the institutions of civil society, promoting modernity, creating spaces outside the state, and in effect unleashing democratizing pressures. In our view, the marketplace, in its capital-raising, skills-allocating, goods-trading, fiercely competitive, highly mobile sense, is a stalking horse for democracy.

Business is a powerful social actor

Now, whether it likes it or not, business is a powerful social actor. Its actions have consequences in the public arena, its views influence the political and policy debate, and its very existence, and the terms of that existence, are subjects of controversy and discussion.

In our view it is in business' interests for the corporation and the business sector as a whole to become a much more self-conscious social actor. Both the individual firm and the voluntary business association need to think hard and strategically about their role in society and their relationships with government and others. There is absolutely no objective reason why business should have to be on the defensive in the social arena. There is no need for business to wait for hostile forces to amass support for anti-market views and only then react in a defensive way. In our view, what is required is a clear perception of common business interests, a comprehensive understanding of the role that business does play in society, both inadvertent and deliberate, and then for business to develop the organizational mechanisms to define and agree on common interests and the strategies – hopefully subtle, sophisticated and effective – to promote them. Business should become much more effective in communicating the enormous and diverse contribution that it makes to a society's development. This does not mean ignoring the ethical and other issues that affect business like many other sectors of society. What it does require is a more comprehensive and deeper understanding of the real impact business activity has on developing and developed societies, and a far more strategic and effective business approach to communicating its role in society, thus countering the negative and partial view of business, its activities and social impact propagated by people who are essentially anti-market and in many ways – perhaps inadvertently – harmful to the development of many of the world's least developed and poorest societies.

Ann Bernstein, Studium der Architektur und Stadtplanung an der University of California in Los Angeles. 1981–1995 Senior Research Officer bei den Vereinten Nationen (UN Development Programme) in New York. 1985–1995 Tätigkeit bei The Urban Foundation, Johannesburg; seit 1989 als Geschäftsführerin. Seit 1995 Direktorin des Centre for Development and Enterprise, Johannesburg. Herausgeberin und Autorin mehrerer Publikationen, unter anderem zum Thema wirtschaftlicher Entwicklung und Politik in Südafrika.

Prof. **Peter L. Berger**, Ph.D., Studium der Soziologie an der New School for Social Research, New York. Lehrtätigkeit an der New School for Social Research, der Rutgers University und dem Boston College; Professor emeritus für Soziologie. Seit 1985 Direktor des Instituts zur Erforschung von ökonomischer Kultur an der Boston University. Bekannt geworden durch „Die gesellschaftliche Konstruktion der Wirklichkeit" (zusammen mit Thomas Luckmann, 1969); daneben zahlreiche andere Publikationen, unter anderem „Business and Democracy" (zusammen mit Ann Bernstein, 1998).

151

„Verantwortung unternehmen" setzt die Beteiligungsbereitschaft von Bürgern voraus. Diese Bereitschaft kann man unterstützen und fördern: Christoph Glaser macht in seinem Beitrag deutlich, dass eine Stiftung mit ihren Unternehmungen Verantwortung teilen kann – um auf diese Weise zwischen Bürgern, Wirtschaft und Politik zu vermitteln und für Bewegung zu sorgen.

Beteiligung unternehmen
Das Angebot der Eberhard von Kuenheim Stiftung
Christoph Glaser

Mehr denn je gilt heute, was Jürgen Friedrich Strube in seinem Beitrag feststellt: Wirtschaft, Politik und Gesellschaft sind aufeinander angewiesen. Diese Einsicht machen die vorstehenden Beiträge anschaulich, indem sie aus unterschiedlicher Erfahrung und in unterschiedlicher Perspektive das Prinzip Verantwortung in seiner pragmatischen Dimension ausleuchten. Verantwortung heißt hier: Ideen mit der Schwerkraft der „Realität" konfrontieren. Gute Ideen zu haben ist eines, sie kommunizieren und umsetzen, gegen Widerstände gestalten zu wollen und zu können ein anderes. Das ist gewiss keine neue, vielmehr eine oft bezeichnete Erfahrung. Was folgt aus ihr für die Bereiche Wirtschaft, Stiftungswesen beziehungsweise „Dritter Sektor" und Politik unter der Fragestellung des vorliegenden Bandes „Verantwortung unternehmen"?
Unternehmen müssen ihre Strukturen und Prozesse den Erfordernissen des Marktes gemäß gestalten, wollen sie wettbewerbsfähig bleiben. Diese Erfordernisse sind aber nicht einfach vorgegeben. Unternehmer gestalten das Umfeld mit – mithin auch den Markt, auf dem sie agieren. Sie müssen bestehende Rollen und Funktionen in Frage stellen, Hierarchien auflösen und neu zusammensetzen, Lernprozesse zulassen. Sicherheit kann es für Unternehmer nicht geben, sie müssen, wie Nikolaus Piper in seinem Beitrag fordert, Ungewissheit bewusst in Kauf nehmen, um Neues zu schaffen. In einer globalisierten Welt kommt das Neue allerdings nur kooperativ in die Welt: nur wer kooperationsfähig ist, so Josef Wieland in seinem Beitrag, ist auch konkurrenzfähig.

„Beispiele machen neugierig", dieser schöne Satz von Peter Lex bezeichnet treffend, wie Stiftungen wirken sollten. Sie sind aber auch selbst auf Beispiele angewiesen, müssen lernfähige Organisationen sein, wollen sie Verantwortung nicht nur verwalten, sondern unternehmen, selbst bewegen. Auch Non-Profit-Unternehmen, so Michael Göring in seinem Beitrag, sind Unternehmen, die sich auf dem Markt bewähren müssen. Effizienz des Mitteleinsatzes, Marketing, Controlling, Nutzenmaximierung, Evaluierung gehören zu ihren Instrumentarien, aber auch Projekte, die den eingespielten Rahmen gewöhnlicher Stiftungsarbeit überschreiten, wie etwa das Projekt Seitenwechsel®, von dem Matthias Schwark in seinem Beitrag berichtet. Mit solchen Projekten können Stiftungen und andere Akteure im so genannten „Dritten Sektor" modellhaft Transferprozesse zwischen ansonsten abgekapselten gesellschaftlichen Segmenten in Gang setzen und damit den durch Individualisierung und Partikularisierung gefährdeten sozialen Zusammenhalt unserer Gesellschaft fördern.

Auch Staat und Gesellschaft müssen bestehende Rollen prüfen, Aufgabenbereiche suchen und finden, die Lernen ermöglichen. Die Maxime „Verantwortung teilen" zeigt nur und erst dann Wirkung, wenn Beteiligung stattfindet und zugelassen wird. Anders als Umverteilung erfordert Beteiligung Mitarbeit, Mitdenken – und Mut, mit eigenen Ideen selbst Risiken einzugehen. Sie erfordert, wie Birger P. Priddat in seinem Beitrag zeigt, die Zivilgesellschaft als ein Projekt differenzierter Beteiligung und Mitarbeit der Bürger.

Obwohl Beteiligung schon jetzt an vielen Orten entsteht und Deutschland sogar als Spitzenreiter in der Disziplin „ehrenamtliches Engagement" gilt: Das von Priddat skizzierte Projekt einer differenzierten „Beteiligungskultur" entwickelt sich nicht von selbst, sondern muss aktiv unterstützt werden. Geteilte Verantwortung muss gezielt gefördert werden. Nur: Wie macht man das? Wie erzeugt man bei Menschen in völlig unterschiedlichen gesellschaftlichen Bereichen Freude daran, Verantwortung nach ihrer jeweils eigenen Façon zu unternehmen? Wie kann man in diesem Sinne „Verantwortung teilen"?

153

Die Beiträge in diesem Band haben gezeigt, dass dazu je nach Bedarf Anreize geschaffen und gegebenenfalls Rahmenbedingungen verbessert werden müssen. „Verantwortung unternehmen" möglich zu machen, sieht also je nach

Projekt oder gesellschaftlichem Bereich ganz unterschiedlich aus. Das kostet Zeit und nicht zuletzt auch Geld: Wer, wenn nicht eine Stiftung, könnte sich diesen Aufwand leisten? Dass sich der Aufwand lohnt, zeigen erste Erfahrungen.

Die Eberhard von Kuenheim Stiftung versucht, sich als junge Stiftung diesen Fragen zu stellen. Ihre Stiftungsarbeit zielt geradezu ins Zentrum dieser Herausforderungen. Die Eberhard von Kuenheim Stiftung will vor allem jungen Menschen die Möglichkeit bieten, selbst unternehmerisch und verantwortungsvoll tätig zu werden. Sie bemüht sich, Verantwortung auf eine Weise zu (ver)teilen,

> Aus der Wirtschaft übernimmt die Eberhard von Kuenheim Stiftung in ihrer Projektarbeit unternehmerische Handlungsprinzipien. Die Projekte selbst sind jedoch gerade nicht auf den Bereich der Wirtschaft beschränkt.

die das Prinzip „Verantwortung unternehmen" anderen schmackhaft macht – durch beispielhafte Projekte, in denen unterschiedliche Wissenswelten aufeinander treffen und voneinander profitieren. Die Stiftung konzentriert sich dabei auf Bereiche, in denen dafür ein besonderer Bedarf zu bestehen scheint – und sie bemüht sich um einen konkreten und überschaubaren Projektrahmen. Aus der Wirtschaft übernimmt die Eberhard von Kuenheim Stiftung in ihrer Projektarbeit unternehmerische Handlungsprinzipien. Die Projekte selbst sind jedoch gerade nicht auf den Bereich der Wirtschaft beschränkt. Ein Beispiel ist die „unternehmen selbst!beteiligen GbR" an der Technischen Universität Dresden. Dieses Unternehmen, gegründet von Dresdner Studierenden, will studentisches Engagement an der Hochschule verstärken und auf diese Weise vor Ort „Verantwortung unternehmen". Die Idee von „unternehmen selbst!beteiligen": Studierende verbessern ihre Studienbedingungen, weil sie selbst anpacken und mitgestalten – durch eigenverantwortlich durchgeführte Initiativen und durch freiwillige finanzielle Beteiligung, von der nicht nur die Beitragszahler profitieren. Das erste konkrete Ziel von „unternehmen selbst!beteiligen" war die Verlängerung der Öffnungszeiten in der Sächsischen Landesbibliothek während der

Prüfungszeiten – und das Ziel wurde erreicht. Das Unternehmen sammelte genug Geld, um die Bibliothek auch an Wochenenden zu öffnen. Tausende Studenten und Dresdner Bürger nutzten das außerplanmäßige Angebot.

Auch wenn der Beteiligungsgrad noch höher oder die „Beteiligungskultur" noch weiter entwickelt werden kann: Die Dresdner Initiative ist ein Beispiel unternehmerischen Handelns. Sie zeigt, was Einzelne schaffen können – wenn man ihr Engagement fördert, anstatt es zu behindern. Diese Förderung versteht die Eberhard von Kuenheim Stiftung als Dienstleistung nach dem Prinzip „Verantwortung teilen": Die Stiftung unterstützt Menschen, die Verantwortung unternehmen wollen, bei der Entwicklung ihrer Ideen; und sie bietet diesen Menschen eine auf ihre Bedürfnisse zugeschnittene Wirkungsstätte, um Lösungsansätze, die wirken sollen, zu erproben.

Dem Handlungsbedarf im Stillstandsgebiet Schule begegnet das Projekt „Tatfunk". Hier werden, nicht zuletzt angestoßen durch die PISA-Studie, Schülerinnen und Schüler am Städtischen Luisengymnasium in München ernst genommen – als Bildungsexperten in eigener Sache. Sie entwickeln in einem Abiturgrundkurs Beiträge zu einer Bildungsreform und machen die Inhalte öffentlichkeitswirksam, indem sie eine Radiosendung für den Bayerischen Rundfunk produzieren. Von Anfang an sind die Schüler selbst für Arbeitsablauf, Inhalte, Ziele und Ergebnisse von „Tatfunk" verantwortlich; dazu gehört auch, dass sie sich als eigenständige Redaktion organisieren und einen „Chef vom Dienst" bestimmen. Die Qualität der Beiträge muss die Redakteure des Bayerischen Rundfunks überzeugen – der Kurs ist kein Planspiel, sondern ein reales Unternehmen. Somit diskutiert der „Tatfunk"-Grundkurs nicht nur, dass Schule aktive Beteiligung von Schülerinnen und Schülern erfordert, sondern setzt diese Forderung auch exemplarisch um. Die Stiftung selbst ist wiederum Dienstleister für die Entwicklung dieses „Unternehmens auf Zeit". Sie bringt die Projektmitarbeiter aus Schule, Medien und Pädagogik an einen Tisch, vermittelt Experten und Berater und verhilft dem Unternehmen zu öffentlicher Beteiligung. Auch hier gilt das Prinzip „Verantwortung teilen", damit „Verantwortung unternehmen" möglich wird – nach den Methoden, die im Bereich Schule die richtigen sind.

155

„Verantwortung teilen" lebt von der Beteiligung. Was die Eberhard von Kuenheim Stiftung beispielsweise bei „unternehmen selbst!beteiligen" und „Tatfunk" gelernt hat, kann sie auf andere Bereiche übertragen. Vorstellbar wäre: einem Traditionsunternehmen, das von der Insolvenz bedroht wird, auf die Beine zu helfen – durch Koordination von Beteiligung. Erfahrene Manager übernähmen die Führung auf Zeit, externe Berater stünden ehrenamtlich zur Seite, arbeitslose ehemalige Mitarbeiter des Unternehmens kehrten zunächst unentgeltlich an ihren Arbeitsplatz zurück. Es ginge dabei in erster Linie nicht um die Rettung einer Firma – sondern darum, unterschiedlichen Akteuren die Chance zu geben, gemeinsam Verantwortung zu unternehmen. Ob diese Vorstellung machbar wäre, müsste der Versuch erweisen.

Beispiele machen neugierig. Versuche sind Experimente – sie erproben Wege unter besonderen Bedingungen. Stiftungen können dafür sorgen, dass die Bedingungen des Experiments für Menschen, die Neues versuchen wollen und können, ermöglicht oder zumindest erleichtert werden. Auch wenn Stiftungen gemeinnützig sind, müssen sie nicht interesselos tätig sein; lateinisch „interesse" – das heißt sich beteiligen, sich einbringen in einen Handlungszusammenhang, und damit: Verantwortung teilen. Stiftungen können auf diesem Weg helfen, Handlungswillen zur Handlungsfähigkeit zu entwickeln, damit Verantwortung unternommen werden kann. Sie sollten diese Chance in unserer bewegten Zeit nutzen.

Dr. **Christoph Glaser**, Studium der Humanmedizin und Philosophie, promoviert derzeit in Literaturwissenschaften. Arbeitete u. a. an den Universitätskliniken in Guwahati (Indien), Beijing (China) und Soweto (Südafrika); danach Kommunikation für den Vorsitzenden des Aufsichtsrats der BMW AG; mit Gründung der Eberhard von Kuenheim Stiftung Berufung zum geschäftsführenden Mitglied des Vorstands.